大西良慶

Onishi Ryokei

人間ざかりは百五歳

平櫛田中

Hirakushi Denchu

佼成出版社

大西良慶（1875-1983年）

僧侶、清水寺貫主。京都の夏の風物詩として現在も続く「うらぼん法話」を始めたほか、全国各地へ法話に出向くなど、布教活動の充実に尽力した。

写真提供：音羽山 清水寺

興福寺、法隆寺などでの修行を経て、清水寺に晋山する。
写真提供：音羽山 清水寺

「良慶節」といわれる説法は人々に親しまれ、多くの聴衆が集まった。
写真提供：音羽山 清水寺

現在の清水寺本堂。
国内外からの参拝者や
修学旅行生で日々にぎわう。

写真提供：音羽山 清水寺

大西良慶書
「日々是好日」

写真提供：音羽山 清水寺

平櫛田中（1872-1979年）

彫刻家。伝統彫刻と西洋の写実表現を融合し、人物の精神性が表現された傑作を数多く生み出す。写真は《良寛上人》を彫る様子。撮影年不詳、年齢90代前半頃。

写真提供：小平市平櫛田中彫刻美術館

《端老》制作中。日本美術院の
運営にも携わる。撮影年不詳、
60歳頃。

写真提供：小平市平櫛田中彫刻美術館

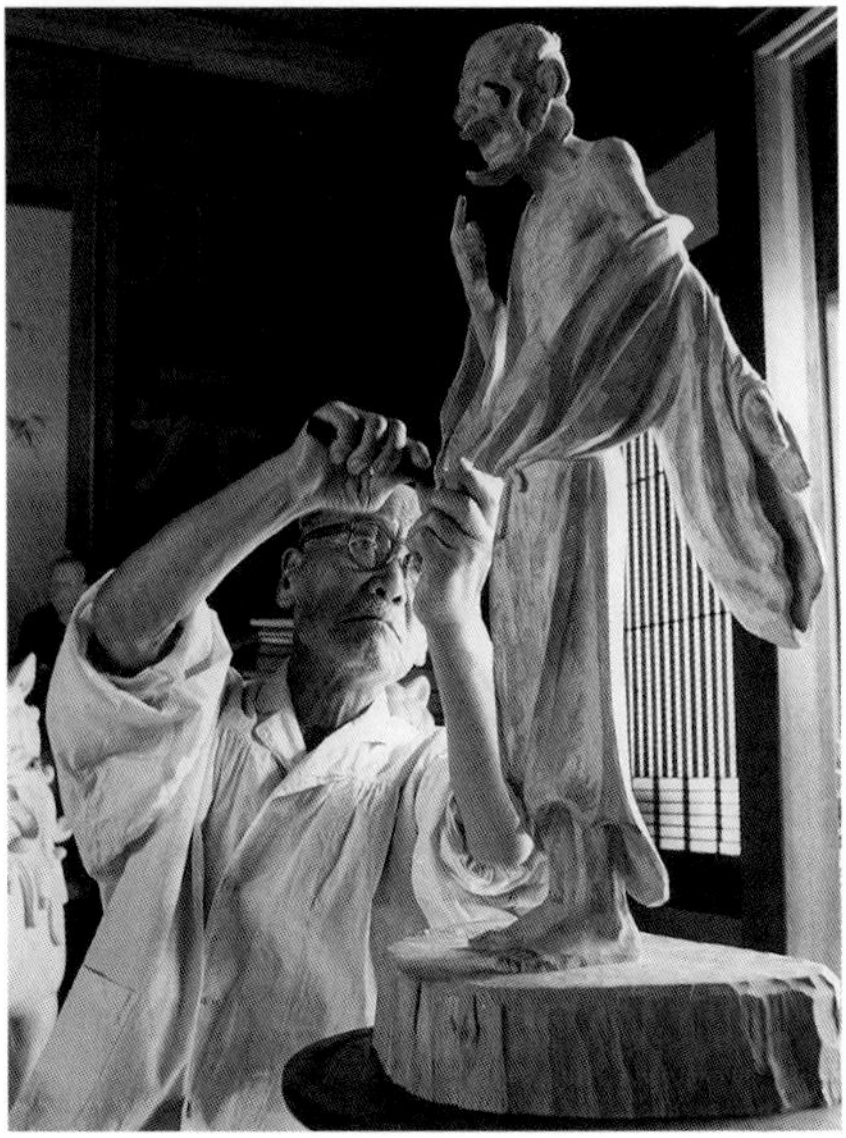

《灰袋子》制作中。1954年頃
撮影、82歳頃。

写真提供：井原市立平櫛田中美術館

代表作の一つ《鏡獅子》。6代目尾上菊五郎をモデルに
20年以上かけて完成させ、国立劇場に展示される。
写真の《鏡獅子》はその後に制作されたもの。

写真提供・所蔵：小平市平櫛田中彫刻美術館

平櫛田中書
「不老　六十七十ははなたれこぞう
おとこざかりは百から百から
九十九倬太郎書之」
写真提供・所蔵：小平市平櫛田中彫刻美術館

人間ざかりは百五歳

大西良慶・平櫛田中

人間ざかりは百五歳

目次

やっぱり「いま」が最高やな――大西良慶百五歳

わが身可愛さ、生きること百歳。
まだまだ可愛く百五歳。
自分が可愛くなければ、長命なんて面倒なもの。

花は咲き鳥は啼き虫は這い、
すべて「いま」に満足している。
良慶百五歳。やっぱり「いま」が最高やな。

人間の智恵に立つと世は苦。
菩薩の智恵にたかめられると極楽。
なにごとも仏のおみちびきのままに。

わしがやらねばだれがやる——平櫛田中百八歳

人間いたずらに多事、人生いたずらに年をとる。
いまやらねばいつできる。
わしがやらねばだれがやる。

こだわるな、こだわるな。
人間本来、住むところなし。どこに住んでも心は一つ。
仕事ができればそれでよい。

悲しいときには泣くがよい。
辛いときにも泣くがよい。
涙流して耐えねばならぬ。不幸がやがて薬になる。

胸にぶらさげるのは一つ。
わしがもらってわしが懸ける。
わしのものでもまわりのおかげ。感謝感謝。

わからなくても困る。わかりすぎても困る。
百を越えても青二才。
勉強勉強、人生すべて「師」。

七十、八十は鼻たれ小僧、
男ざかりは百から百から。
わしらの人生、これからこれから。

本書は『人間ざかりは百五歳』（一九七九年十一月・山手書房刊）を復刻版として出版したものです。

書名をはじめ本文中の年齢には、主に数え年を用いていますが、本文の一部に満年齢の箇所があります。

「櫛」の字体について、本書では二通りの表記を用いています。人名には「櫛」を、賞名（平櫛田中賞）を含むその他名詞には「櫛」を採用し、美術館名は各館の表記を尊重しました。

本文中に、今日の人権意識に照らして、人種、身分、年齢、ジェンダー等に関し、不適切と思われる表現がありますが、当時の時代的背景、著者が故人であることを考慮し、原本のままとしました。


（編集部）

協力｜音羽山 清水寺
小平市平櫛田中彫刻美術館
井原市立平櫛田中美術館
装幀｜Malpu Design（清水良洋）
本文デザイン｜Malpu Design（佐野佳子）

やっぱり
「いま」が最高やな

大西良慶百五歳

長寿

**わが身可愛さ、生きること百歳。
まだまだ可愛く百五歳。
自分が可愛くなければ、長命なんて面倒なもの。**

百五歳になった。

よくもまあ、生きたものだと人は呆れる。それはそうであろう。本願寺の蓮如さんは、「誰か百年の形躰《ぎょうたい》を保つべきや」と言った。室町期の発言である。それから五百年ちかくたったいま、この言葉が死語になったかというと、そうではない。すくなくともこの言葉に関するかぎり、死語になっていいはずなのに、それが不思議にも、いまだに実感として生きている。医学が驚異的な進歩的なこんにちでも、百歳といえば大いに珍しがられる。きっちり百年の形躰を保った人は、よほど稀だということであろう。

それが証拠に、敬老の日になると、新聞やテレビは、競って、百歳以上の老人の特集を組む。老人たちは、晴れがましくカメラに納まり、大事件なみに世間さまの前へ連れ出される。事実、マスコミは、百歳以上の老人の生存を、大事件に匹敵するものと心得られているらしく、これによって大いに珍しがられ、まるで見世物みたいな風景になることだってある。実際、平均年齢の大伸長や高齢化社会のなかにあっても、百年の形躰を保っているのは、よほどの珍事なのであろう。

むかし、老人も七十になると「古来稀なり」といわれた。これは、杜甫《とほ》の詩「人生七十古来稀」から来ている。古来稀だから、普通はそれまで待っていたのでは危ういというので、六十歳で「還暦」のお祝いをした。ちょうど六十年で生まれ年の干支《えと》にもどるから、それを一区切りとしたのであろう。本卦《ほんけ》還《がえ》りともいった。一区切り生きてこられたのだから、あとはもう余分なものという気分があり、また「余生」という言葉も、この年代をさかいに好んでもちいられるようになった。

ところが、いまはどうだ。六十歳を越した人に余生という言葉をおしつけたら、ご本人は大いに不本意であるという顔をするであろう。実際、この年代の老人対策は現在、深刻な問題になっているらしい。平均年齢が伸びたにもかかわらず、むかしながらの五十五歳定年は不当であるという訴えは、ほとんど世に定着している。そして、七十歳で古来稀どころか、男女とも平均寿命がそこまでせり上がってきた。

けれどもそれから先ということになると、これがなかなか覚束ない。

七十七が喜寿、八十八が米寿、九十九が白寿とつづくが、このあたり、むかしからあんまり恩恵に浴するものがすくなかったと見えて、古稀のような壮重な言葉のひびきはない。喜寿は、草体の喜が「㐂」であるところから、七十七と読んでこれに当て、米寿は、米の字を分解して八十八、白寿になると、百に一画足りない「白」で九十九と、これはもう判じ物である。その判じ物さえままならぬ。科学が発達して、人間を一度に大量に殺す爆弾は発明されるけれども、古代から人間が文明というものを手にして以来、渇仰《かつごう》してやまなかった「不老長寿」の薬品は発明されず、したがって長命不死の仙人はいまだまぼろしの存在であり、古来稀の関門をくぐり抜けると、喜の字も、米の字も、まして白の字にもおめにかからずに、あの世へ行ってしまわれる。

仙人といえば、おもしろい話がある。

むかし、中国で念仏系のあるお坊さんが山中を歩いていると、樹の上にのぼって修行をしている仙人を目にとめた。なにをしておるのか、と問いかけると、御覧のように修行をしている、と言う。修行をして何になるのか、と問いかえしたら、

「二百年」

と答えた。修行を完成すると、二百年の長寿が得られるというのである。「誰か百年の形躰」からいえば、これは驚嘆すべき約束であろう。事実、仙人はその言葉でもって、相手を大いに驚かそうとしたにちがいない。が、お坊さんは、すこしも驚かず、驚かぬばかりか、意外な質問をかえしてきた。

「二百年生きるのなら、二百一年目はどうなっている？」

これには、仙人、降参した。そうであろう。不老長寿といっても、しょせん、人間の生命というのは限りのある世界であり、たとい二百年の長命が保証されても、二百一年目にはどうなっているかわからない。これは、当り前のことわりである。その当り前に気づかずに、二百年という、ほんの目先の命に目がくらんでおった。それを知って、仙人は地団駄を踏んで口惜しがり、あっさりと修行をやめて、坊さんの弟子になったという。

お説教くさくなるが、ここに仏教の真骨頂がある。人間は、いや、生きものはかならず没する。だからこそ、仏教は、死んでも死なない究極の世界をもとめる。たとえば、阿弥陀如来が

そうであろう。阿弥陀さんという仏のはたらきを「無量寿無量光」という。無量の寿（命）と、無量の光（智恵）である。念仏を称《とな》えれば、そのはたらきのなかに、人々はみんな救われるという。無量だから、二百年や三百年で果てる命ではない。何万年も、何千万年も、いや何億年も何兆年をついやしても、なお、「無量」なのである。

　ついでながら、仏教の年月のかぞえかたには、まったく気の遠くなるような単位をもちいることがある。「劫《こう》」である。なんでも碁にも転用されているらしい。この勝負ごとでは、いつまで経っても勝ち負けの決着のつかない事を「劫」というと聞いた。つまり、無限である。ところが、仏教でいう「劫」は、そうではない。気の遠くなるような年月ながら、あくまで有限なのである。こういう。四里四方の巨大な岩場がある。その岩場に三年に一度、天上界から天女が舞い降りてくる。すると、天女の羽衣と岩は、ごく軽やかに接触し、あの軽い羽衣といえども、接触すれば岩は、わずかながら磨滅しているであろう。それは顕微鏡でもとらえられぬほどの磨滅度であろうし、あるいは当節発達した電子顕微鏡という文明の利器をもってしても、確認できぬほどのものかも知れぬ。しかし、触れたからには、磨滅という作用が確実におこっているはずである、と考えるのが仏教のおもしろいところで、ともかく、そうやって三年に一度、天女が舞い降りることによって生ずる磨滅という営みを重ねていって、その四里四方の岩場がすっかり磨滅しつくしてしまうのが一劫。二劫なら、その倍であるし、三劫は三倍になる。

いずれにしても「劫」という、そういう年月でも有限は有限なのである。

阿弥陀さんは、阿弥陀という如来（仏）のまえは、法蔵菩薩であった。それが、仏になるにあたって、一切の人々を救うことを誓い、五劫のあいだ思惟されたという。かの四里四方三年目に一度の磨滅という営みが、五回連続するあいだ、考えぬき、ついに、無量寿、無量光のなかに一切を摂《おさ》め取ることができるようになったという。つまり、有限と無限とを、とりかえたのである。

そこで、われわれが救われるという極楽浄土も無限の世界でなければならぬ。

無限というのは、限りのない世界であるから、限りに向かって近づくという営みは、一切ないであろう。すなわち、極楽浄土では、娑婆のように、生まれてから死ぬまでに年をとっていくということがないはずである。もしかりに、極楽浄土で年をとるのだったら、そこは、お爺さんお婆さんばかりになるではないか。

「あんたおいくつ？」

「八百七十歳」

「それは、ご長命で」

というような会話になる。あるいはまた、

「わしがここへ来さしてもろうた頃は、九郎判官義経というたいへん戦争の上手な人がおられたが、その戦さ上手も、兄弟仲がこじれて、程なくこっちへ来られたはずだから、どこかに居られるでしょう」

といった、歴史の話をしているようなのが日常会話になるかも知れぬ。もっとひどいのになると、

「わしは、神武天皇の頃やから、二千六百年になりますな」

「まさか……二千六百年は、あてにならぬというではありませんか」

——これはまあ、言ってみれば笑い話である。こんな笑い話を空想したのはほかでもない。いまから十年前だったか、すこし病気して、病いの床についているとき、ひょいと極楽浄土というものに想いを馳せている自分に気づいた。他愛もないもので、病いにかかると、普段の食事どころか、病人食もどうもおいしくいただけない。周囲は、体力が勝負だから食べよ食べよ、と強いてくるが、口のなかでもごもごするばかりで、とても嚥下《えんか》できたものではない。そういう悪戦苦闘のさなかに、ふと「百味の飲食《おんじき》」という言葉を思った。百味の飲食とは、つまり、極楽浄土における食べ物である。字義どおり、百の味があるという。

　われわれの普段の食生活では、甘い辛い酸い苦い、という四つの味が基本になっている。これに「旨い」という味があるというのは、料理のときに振りかける薬品会社の宣伝文句だが、ともかく、四つに一つを足しても、五つでこと足りるのであり、逆にいえば、病いのようなときは、この五つのために不自由する。それが、極楽浄土には百もあるというから、病気になっても、百のうちどれかは「病気用」というのがあって、うまく調味してくれるであろう、などとムシのよいことを考えていたら、つぎからつぎから連想がひろがって、結構たのしく、極楽見物をさせてもらったものである。

　今度の大戦で、たくさんの若い人が戦死された。そういう人たちが、みんな極楽へ行っておられる。極楽で年に一度か二度、同窓会が開かれる。「同期の桜」である。年に一度なら、お盆の前後がよい。お盆前なら、

「あんたは今年も、お盆に娑婆に帰りますか」

「いや、毎年迎え火をたいてくれるので、知らん顔してるのも悪いと思って帰ってましたが、いつもナスやキュウリやカボチャばっかり食べさすものだから、いささか食傷気味で……」

というような会話になるかも知れぬ。お盆のあとだったら、娑婆帰省譚に花が咲くであろう。

「久し振りの娑婆はどうでしたか」

「それがあなた、驚いたのなんのって……なにしろ、私がここへ来たのは三十年も前でしょう。南方で敵の鉄砲の弾に当たって、こっちへ寄越《よこ》してもらったのです。それまであんまりひどい戦場で、ろくに食べ物はあるわけでなし、木の根やトカゲまで食う有様でしたから、こちらの百味の飲食がありがたくて、すっかり娑婆のことを忘れていましたが、思い出しましてね。そうそう、女房はいまごろどうしているのかと思って……こんなところまで来て、のろけるわけではありませんが、私の女房というのは町内でも評判の美人で、御多分に洩れず、好いた惚れたで一緒になった。一緒になった途端、兵隊にひっぱられて、すぐ南方でしょう。ま、一遍、恋女房の顔を見に帰るのも悪くないと思ったのです。それがどうでしょう。三十年ぶりに家へ帰ってみると、見たこともないおばはんがデンと威張って坐っている。誰やろうと思うてよく見ると、それがなんと、私の女房でした」

そういう話題も当然、出るであろう。極楽に居る夫が、年をとることを停止しているのに対して、娑婆に残された妻は、娑婆のさだめにしたがって、どんどん年齢を重ねているのである。二十歳《はたち》で別れても、三十年たてば、五十のおばはんになっている。ま、そういう塩梅であろう。

もっとも、この馬鹿馬鹿しい空想には、伏線がある。もう何十年か前に読んだ本に出ていた外国の奇譚である。

ヨーロッパで若い夫婦が火山を見物に行った。噴火口の近くまで二人は行ったらしい。そのとき、婿《むこ》さんのほうが足をすべらせたかなにかで、噴火口のなかに落ちてしまった。とても助けに行けたものではない。かりに落下した地点まで人の手がおよんだとしても、硫黄を含んだ猛烈な噴煙のなかで、婿さんは生命をふきかえすことは困難であろう。それやこれやで、遺体の収容もできぬまま、嫁さんのほうは、あきらめて帰っていった。

ところが、それが三十年もして、死骸のあがらねばならぬ機会があった。嫁さんは、なんでも、以来再婚もせずに、独りでひっそり暮らしてきたらしい。そこへ、三十年ぶりに遺体があがったという報せがきた。嫁さん、とるものもとりあえず駈《か》けつけてみると、なんと死別した夫の遺体は、硫黄の成分のおかげで、まるで、たったいま息をひきとったような姿のままで残っていたという。そこで、その嫁さんがどういって悲嘆に暮れたかというと、

「あなたはまだこんなに若々しいのに、私はこんなにお婆ちゃんになってしまいました」

女心であろう。

十年ばかり前、病気で極楽浄土を空想したのは、そのさらに何十年かまえに読んだ外国の話題が土台になっている。

そうそう。ここは、あの世の話ではない。「誰か百年の形躰」という言葉にさからって百年

生き、百五歳になった感想をありていに述べている。あの世ではなく、この世の話でなければならぬ。

が、ちょっと待ってもらいたい。この世を語るのにあの世の話題は、いかにも突拍子もないように思われるかも知れないが、じつはそうではない。仏教では、この世とあの世が別世界ではないと考える。もっと平ったくいうと、人間の理解では、死をもって人生の完結とするが、仏教では、そうではない。つまり、人間は本当は死なないのである。

たしかに身体のほうは、時期がたつにしたがって、だんだん様子が変わってきて、やがて生命としての終熄《しゅうそく》をつげる。死ねばもう、死骸はこの世の用ではない。だから火葬場へもっていって、焼いてしまうが、よくよく考えてみると「私」というのは、なにも私の身体が全部ではない。身体は、いってみれば、心の家にすぎないのであって、「私」、「あなた」というのは、家を指しているのではなく、家の主《あるじ》を指しているのだから、家がなくなったからといって、主までなくなってしまわねばならぬという道理はない。

むかし、「胸に手を当ててよく考えてみろ」と叱られたのは、この辺の機微である。つまり「胸」というのは、単に心臓や肺臓といった臓器を指しているのではなく、そこに家の主である「心」が宿っていると考えたからにほかならない。いまは胸ではなく、頭ということになっているが、そんな場所的な移動はどうでもよい。いずれにしても、胸も頭も心の宿る家にしかすぎないのであって、家がなくなっても、その心は、家を離れて旅に出る。その旅に出る間が冥途であって、やがて次の宿るところに入って、次の世に移ってゆく。

だから、極楽浄土も、どうやら千年も二千年も、たとえば神武天皇の時代いらい住み慣れてしまうところではないらしい。それはそうであろう。いくら百味の飲食といっても、千年も食べつづけてきたら、ついには、食傷気味になるだろうし、迦陵頻伽《かりようびんが》などという珍鳥が舞っているという結構な眺めも、いつかはあきるときがくるであろう。阿弥陀さんに救われて、極楽浄土で退屈をもて余しているという結果になったら、これはお気の毒というほかはない。

そこで、念仏のほうでは、ちゃんと退屈しないように教えられている。極楽浄土へ行きっ放しではないというのである。これを「往相《おうそう》」と「還相《げんそう》」という言葉であらわしている。往相とは、つまり極楽浄土へ行くとき。そこで修行して、修行ができ上がると、今度は再び衆生済度のために、娑婆へかえってくる。それを還相という。

だから安心してもらいたい。あの世へ行っても、大アクビの毎日ではなく、百味の飲食に酔い痴《し》れていたらいいのではなく、結構、忙しいのである。人間、やっぱり忙しくなければならぬ。

ともかく、仏教では、そういう理屈がシャンと通っている。通っているから、人間は、死んでも死なないのであり、その道理を胸のなかにきちんとしまっておくと、もはやこの世のことにくよくよすることはない。だいいち、死をおそれることはなく、死を恐れぬというのが、長寿の第一の秘訣だと、私は、百五歳をふりかえってそう思う。

けれども、だからといって、すぐにでもあの世へ往かしてもらい、再び健康で若々しい肉体に生まれ変わって、のびのびやってみたいものだという気がいっこうに起こらないのも、これまた不思議というほかはない。年をとって、難儀な身体をかかえて、立ち居振舞に不自由を感じている日常だから、その気になってもいいものを、やっぱり、この大老体がいとおしい。

そのあたりの微妙な気持ち、ちゃんと七百年ももっと前に、親鸞さんが言い当てておられた。その語録に、唯円房というお弟子さんとの会話がのっている。有名な話なので、くわしくは触れないが、おたがい、仏教というものの真髄をきわめきった人同士の本意と本心の会話だけに胸を打つ。

話はこうである。お弟子さんの唯円房が、親鸞さんに本心を打ちあける。自分は阿弥陀さんの誓いを信じて、すべてはそのおはたらきによって、浄土往生の道が約束されているというのに、すこしも嬉しいという気分にもならなければ、急いでかの国へ往きたいという心にもならない、これはいったい、どうしたことであるのか――。唯円房にしてみれば、親鸞さんに、大いに叱られることを覚悟していたかも知れぬ。それは、おまえが信心が足らないからだよ、と一言ではねつけられても、仕方がないと思っていたのかもわからない。ともかく、正直に本心をうちあけた。すると、親鸞さんの返した言葉がどうだ。

「親鸞もこの不審ありつるに、唯円房おなじこころにてありけり」

世の高僧がたの遺された言葉で、これほど正直な告白は、まず珍しいであろう。しかも、その言われかたがまた、明快なのである。親鸞さんは言う。本来ならば、なにもかも忘れて、大喜びに喜ばねばならぬ心をおさえて、そんなこと（浄土往生）は、いっこうにどうもない、という心境でいるのは、煩悩のせいであり、そういう煩悩をかかえたものだからこそ、阿弥陀さんの救済のお目当てなのだと、その誓いを大いにたのもしがるのである。苦痛や難儀に満ちたこの身をいとおしがり、彼の国を恋しく思わぬのも、これまた煩悩のせいであって、むしろ、大急ぎで彼の国をめざしたいような殊勝な気分になる人は、

「煩悩のなきやあらんとあやしくそうらいなまし」

とまで、言い切っている。煩悩についての解釈は、ここでは省く。ともかく、そういうもやもやしたのが人間であり、私もまた、仏教の道理にしたがって、死んでも死なぬ大前提に踏ま

えながらも、死ぬまでは、この身体をいとおしんでいかねばならぬ。要するに、いくら年をとっても、この身が可愛いのであり、可愛いからこそ、大事に大事にしてきた。

結局、この大事にしてきたのがよかったと思う。

長命といっても、達者でないと、なんのために呼吸をつづけているのかわからない。寝てばっかりいるのでは、長命をよろこべたものではない。やはり、健康でなければならない。身体は所詮、心の宿る家だといっても、住まわせてもらっているあいだは、せいぜい快適に過ごさせてもらうことである。掃除をよくして、床や柱も磨いて、たとい貧しい構えでも、「結構なお住いで」と人様から言われるようにしたい。私の場合、それを三つの原則でつらぬいてきた。その三つとは

一、よく食べる

二、よく眠る

三、よく働く

要するに、それだけのことである。それだけのことで、ここまでどうにか柱も屋台も、ぐらつかずに保ってきたのは、大いにありがたい。

よく食べる——というのは、つまり、おいしくいただくことである。赤ん坊でも、おなかがいっぱいになると、口へお乳をもっていっても、飲もうとしない。それを、無理に飲ませると口から出してしまう。だから、食べるというのは、おいしく食べることでなければならず、「おいしい」と思うあいだが、力になる。身につく。

私の食べかたは、一つのものをたくさん食べずに、すこしずつ二つ三つの品を頂戴するようにしている。右にも触れたように、食べものはだいたい辛い、甘い、酸い、苦いが基本になっている。そして、日常いただくのは、辛い、甘い、酸いであって、苦いというのが敬遠されがちになっている。ところが私は、この「苦い」を大いに重宝している。食事の前と後に出てくるお茶というものは、この苦い部類の筆頭であり、だいたい年寄りは「濃い茶に念仏」といわれるぐらい、お茶を飲む。これが実は、年寄りの養生に大いに役立っているらしい。

お茶の苦さは、年寄り向きの趣向だけでなく、高級な料理にもとり入れられている。日本料理でも、もっとも手が込んで、自然、お金のかかるのが茶料理であろう。これは、日本古来の交際の場合にはよくもちいられるもので、かならず、茶の苦みを前提とする調理がなされている。これが健康に大いによい。苦いものといえば、むかしから胃の弱い人には、苦い薬草を飲ました。「千振《せんぶり》」がそうであり、「熊胆《ゆうたん》」もまた、大いに苦い。

いずれにしても、四つないし五つの味をうまく塩梅するのが、おいしく食べるコツであろう。一つの味のものを集中的に食べたりすると、胃が悪くなったり、体に異状を起こす。とくに甘いものが好きだというので、ついその方面ばっかり手を伸ばすと、たちまち病気になる。塩けの多いのも、また、どうようである。

要するに、すこしずつ、上手に調和していただくのが肝要なのである。

よく眠る——これまた、たいせつである。いろいろなことを考えて寝床に入ってはいけない。寝てから腹を立てて怒ったり、泣いたりしてはいけない。一度眠ったら、こんどは起こされるまで、起きない覚悟で床につかねばならない。そうすれば自然、目が醒めると、

よく働く——ということになる。だから、うまく食事をして、よく眠って、一生懸命に働く。これが健康の三要素であると私は心得ている。

もちろん、人によって、年齢や仕事の状態によって、その模様は一定ではない。若い人に、老人と同じものをおいしくいただけといっても、満足しないであろう。それだけ消化の能力があるのだから、倍も三倍もおなかにおし込んでも、あるいは不都合はないかも知れぬ。けれども「おいしく」の限度は、あくまでもわきまえていなければならない。はじめのうちは、飲むのも食べるのも大いに楽しみであるけれども、そのうち、もうこれでよい、という時がくる。

それからなお、飲み食いしようとすれば、それからは、おいしいものが「苦」になる。このへんでよい、という打ち切りは、知恵から出てくる。この知恵の有無が、人間を、この世の極楽にも地獄にもおい込む。

そうして、自分の身をいとおしむとともに、自分の生きている世界を大いにいとおしんでいただきたい。それぞれの生きている世界によろこびをもっていただきたい。それも、一時のよろこびではなく、大きく目を開いたよろこびでなければならぬ。世帯が苦しくてやりくりに困っているのに、目をむくようなお金を工面して、着物をこしらえると、一時、気分は晴れても、あとで地獄におとされる。自分の可愛がりようは、知恵がなければならぬ。

百五歳になって、みなさんから「よくお達者な」と言われる。それで尻馬に乗って、「おかげで達者でございます」と言う。ほんとうはそんな偉そうに言うほどのことはないのだが、感激してそう言う。寿命の長いというのは、自分が可愛いために生きよう、生きようとしてきたあかしにしかすぎない。自分が可愛くなかったら、長命なんて面倒なものである。

31 **大西良慶**

日々好日

日々好日

花は咲き鳥は啼き虫は這い、
すべて「いま」に満足している。
良慶百五歳。やっぱり「いま」が最高やな。

十年ばかり前、清水寺にアメリカのお婆さんが来た。

パール・バック女史という。ノーベル賞をもらった偉い人だという。それほどの人だから、さぞ、いいお顔をしておられるだろうと思っていたら、やっぱり外人は外人、きつい顔で、帽子をかぶって、座蒲団に坐っている。無理もない、外人に仏さんや観音さんのような顔を想像するほうが無茶な注文というものであろう。それでもせっかくの来客であり、もう一度、会うやら会えぬやら、いや、もう会わんにきまっているから、これも向こうの礼式どおりに手を

握って、

「ようお越し」

と言った。

もちろん、通訳がついている。通訳というのは、単に言葉を入れ替える作業をしてくれるだけだが、それでも妙なもので、人間、言葉で補わなくても通じるものがあるらしい。通訳が言葉を告げる前に「ようお越し」という意が通じたらしい。大きくうなずいてニッコリ笑われた。すると、仏さんのような顔になった。欧米に仏教が渡っていたら、仏さんも観音さんもこんなお貌《かお》になっていたのかと思わせられたものである。

それから、しばらく型どおりの問答があり、型どおりの受け答えをしていたら、突然、真顔になって、こうたずねてきた。

「あんたのいままでの一生のあいだに、いつの時代がいちばん愉快だったか」

私が通訳を通して耳で聞いた言葉は、それだけだった。が、会話というのは、言葉と言葉のやりとりであっては、心は通じない。心で通じあうには、まず「心」で相手の訊《き》いてきたところを、聞いてかからねばならぬ。

私は心で聞いて、

「それは、六十、七十代がきょうまで来たいちばんの全盛のいいときでしたな」

と答えた。

お婆さん、その言葉を通訳から聞き終わるなり、再びニッコリ笑うた。今度は、観音さんも、もう一つ上等の観音さんだった。しんから嬉しかったのであろう。それが証拠に、手を打たんばかりによろこんで、

「ちょうど私がいま、その年代です。そのとおりだと思います」

と言った。

私が睨んだとおりだったのである。私が心に聞いたというのは、そこであった。このお婆さん、いくつぐらいか、と読み、六十年代からせいぜい七十と踏んだ。そして、そのとおりに言ってやったから、相手の心にかのうたので、喜びが出てくる。

それを「そうですな、三十ぐらいの元気ざかりがいちばんよかったと思います」と言ったらどうであろうか。おそらくその年代はパール・バック女史にとって、苦労の最中であろうし、それは思い出しても苦痛に満ちた毎日であったであろう。とても喜びの時間はなかったはずである。

ところがいま、外国へ遊覧の旅をするのに、子から孫まで同伴で、大勢のおつきの人を連れ

て、いちばん幸福の絶頂期にある。いわば、その幸福感を讃嘆《さんだん》してあげたわけである。

しかし、これは決して世辞や追従《ついしょう》ではない。ただ、アメリカのお婆さんにお世辞を言うために、そういう「心の問答」をしたのではない。私がかりに「六十代から七十代」と言ったのは、要するに「いま」ということなのである。言いかえれば、「お婆さん、あなたいまがいちばんいいでしょう」ということなのである。

だからもし、このお婆さんが三十年まえに来られて、それが研究やら苦労やらの真最中で、苦しい盛りであっても、私は、「三十代から四十代がもっともよろしい」と答えていたであろう。するとお婆さん、いや女史は、その年相応の実感として、やっぱり同じようにニッコリと笑われたであろう。

人間、そういうものなのである。いつがいいかと問われると「いま」と答えるほかはないのである。

年をとると、身体が不自由になってくる。耳が遠くなるし、目もかすむし、日常の立ち居振舞が難儀になる。御馳走をいっぱい並べられても、胃が受けつけてくれないし、とにかく難儀ばかりでちょっともいいことない。つい、若い時は良かった、と愚痴が出る。これはあくまでも愚痴なのである。

それが証拠に、どうであろうか、若い時が楽しみばっかりだったかというと、かならずしもそうではない。ま、親がかりの間は楽といえば楽であろう。学校へ行く年齢になれば洋服はこしらえてくれるし、弁当をこしらえてくれる。学校へも行けば行ったで、先生が教えてくれる。学校を退けて帰ったら、お菓子がもらえる。いいことずくめである。

が、これも結構至極と思うのは、大人になって、世帯の苦労を味わってからの感覚で、実際に子供に対して、それが結構ずくめかと問うと、首を横に振るであろう。子供は子供の難儀があり、たとえば、早く大人になって自由に振舞いたいと思っているかも知れず、勉強が嫌いで学校へ行くのが苦痛な子もなかには居るであろう。

勉強といえば、いま受験地獄だと聞く。すこしでも、いい学校にすすんで、いい就職先にとりつくために小学校の時分から、勉強勉強で、文字どおり地獄の日常だという。

ところが、その地獄に耐えぬいて上級の学校にすすみ、社会に出て、それで安楽かというと、これまたそうではない。職場には職場の競争があり、上司や同僚との複雑な人間関係があり、将来の栄達に向かってけんめいな努力が待っている。

年頃になると結婚しなければならない。結婚したては「蜜月」といって、天下は自分たち夫婦だけしかいないというような気分でおれるが、それもひとときで、やがて子が生まれると、今度は子のために苦がついてまわる。熱出したといえば医者に走り、やがて学齢期になると、今度は子供の受験地獄に立ち合う苦に耐えなければならない。

なんでも受験期の子供をもつ親は、病気になって普通だという。これでは、試験を受ける子供より、親のほうが辛い。

そうして子どもを一人前にして片づけるものは片づけて、一安心すると、今度は老いがせまってくる。肩が痛い、腰が痛い、目がかすんできた、といっているうちに、身体中が難儀になってくる。

なんのことはない。みんなそうやって回りもちで難儀から難儀へと渡り歩いている。

こうやってみると人間、人生に結構至極な時期などというのは、まったくといってないことに気づく。いつも難儀なのである。にもかかわらず老人は、身体の難儀を厭うあまり「若い頃はよかった」と言い、世帯に苦労している若い人は、年寄りを見て「楽隠居は気楽でよろしいな」と羨ましがる。愚痴である。

こういう愚痴が出てくるのはほかでもない。人間に比較の目があるからである。いまの状態と比較して、過去を想い、未来に期待する。その比較がまた愚痴のタネになる。人と自分を比較する。比較の目で見るなら、人みんなそれぞれ違うのだという当り前の事実に眼を向けるがよい。

また外国からのお客さんの話になるが、先年、外国の大統領夫妻が来られた。一行八十名という人数だった。まるで団体旅行である。

それはそれでよい。大阪で泊まって、朝八時に出て、車を連ねて九時五十五分に清水寺に着く、という予定どおりの時間に来た。ところが、八十人ではすまない。こちらの知事さんとか市長さんとか、さらにそのお付きの人とかがかけつけてきて、国賓だからお辞儀をしなければならないというので、これまたたいへんな人数になる。そこで私も、別に大統領夫妻と格別の話題があるわけではないが、うちの人がみんな揃って出迎えるのに、肝腎の宿六《やどろく》が顔出さないと申し訳ないというので、杖に頼って表へ出る。

ところが、その大統領という人の大きいこと大きいこと。日本でいうと相撲とりのようなもので、しかも、日本のようなお爺さんではなく、かなり若い。やっぱり「お越し」というので手を握りに行ったら、相手の胸しか見えぬ。見上げるような大男というが、見上げても顎の下までしか見えない。

また、その夫人が大きい。これまた手を握りに行くと、やっぱり胸しか見えない。

ところが、出迎えるこちらは、きわめて小さい。私が小さい。清水寺の一山、おおかた小さい。日本人の中で比べても小さいのに、そういう大きい夫妻の前に立たされると、まるで大人と子供みたいなもので、目の悪い人なら、両親が子供の遠足についてきたように見間違われるかも知れない。

そう思うと阿呆臭うて阿呆臭うて、ともかく、負けた、と思う。あとで聞くと、その大統領夫人、陸軍少佐だという。道理で大きいはずだと、それでやっと腹の虫が納まる。

これ、日本人の眼で見ているから、大きいと思う。大きさに圧倒される。人間同士でも、欧米人と日本人は、比較の間尺《ましやく》が違う。日本人から見れば大き過ぎるようでも、欧米人からすれば、普通かも知れぬ。

比較というのは、つねに自分の間尺をふりかざすからそうなるので、神さん、仏さんから見れば、それで何の不都合もない。

人間同士だけでなく、人間が牛を見ると大きいなと思う。馬を見ても同じ感想を抱く。動物園へ行って象を見れば、もっと大きいな、と思う。しかし、神さん仏さんからすれば、象はあれでちょうどいい大きさなのであって、人間もまた、これでちょうどいいのである。人間のあいだでも欧米人は、日本人から見れば顎の裏しか見えなくても、それでいいのである。

39 大西良慶

日々好日

話題は途方もない方面に行くようだが、鎌倉時代に明恵上人という偉いかたが居られた。親鸞聖人と同い年で、しかも親鸞さんのように新仏教の担い手にならず、したがって歴史に華々しく名を残すようなこともなく、当時の崩壊寸前にあった旧仏教を背負って、ひたすら旧仏教の側からものを考え、学問をされた。東大寺の別当もしておられたが、京都の栂尾《とがのお》にある高山寺がそのお寺として有名である。この人の遺言のなかに、こういう意味の発言がある。

「私は、死んで阿弥陀さんのところへ行こうというような事を考えたこともない。私は人間で生きていく間は、人間らしい、その日その日の暮らしをしたいと思う――」

人間が仏さんになるとか、神さんになるというような考えをもたなくてもよいという。人間は人間らしいことができればそれでよいというのが、明恵上人の心境であった。だから、お釈迦さんの教えがむつかしいの、手がとどかないのといって絶望することはない。

人間は人間の仕事さえできればよい。人間が人間の道さえ満足に歩けないのに、菩薩や羅漢さん（お釈迦さんの直弟子）の真似をせよなどというのは、あたまから無理な注文だというのである。

もっとわかりやすくいえば、子供は子供らしくしておればよい。家庭でも、子供が台所へ出て来ると、茶碗を割ったり怪我をするにきまっている。だから、子供はおもちゃで遊んでおればよい。大人になっても、男は男らしく、女は女らしく、一日一日の仕事を力いっぱいしていく。今日の仕事を放ったらかしにしておいて、先のことばかり考えていたのでは、魂の置き場所が違ってくる。

　この身体だって、眼は眼のはたらき、鼻は鼻のはたらきをしておれば、この身体は完全だといえる。それに、足がときどき手の仕事をする。座蒲団を横にするのに、足がやる。障子を開けるのも足が先に出る。行儀が悪い、とむかしの人は叱ったものだが、これだって、ちゃんと理由がある。なんかのことで、手が不自由になったら、手のはたらきを代わってやる準備だと思えばよい。一家ででも、お母さんが居ないときには、お父さんが替わって、洗濯や炊事の仕事をしなければならないことがある。

　その時になって、お父さんははじめてお母さんの日頃の苦労がわかる。手が動かなくなって、はじめて日常なにげなく手を自由に使いこなしていたことのありがた味を感じる。ところが、自由なあいだは、すこしも、ありがたいと思わない。

　人間が人間らしい暮らしをするというのは、このあたりの機微であろう。つまり、普段、当り前と思っていることへの感謝の心である。

山陰に源左《げんざ》という後生願《ごしょうねが》いがいた、「妙好人《みょうこうにん》」という。特別に偉い人でもない。そこいらのお百姓さんと、すこしも変わらない。とびきりの教養があるわけでもなく、後生願いといわれるほどの篤信家であっても、とくに経釈に通じているわけではない。それなのに、その言動は光っている。とにかく、宗教的天才なのである。

源左老人、昭和の御代まで生きていた。だから、私と同世代人といってもいい。話題の多い人だが、その中の一つ。

田圃へ出て仕事をしていたら、俄《にわ》か雨が来た。猛烈に降ってきた。源左老人、あわてて雨の中を駈けて帰るのを、お寺の住職が見ていた。

「源左さん、よう濡れたのう」

と声をかけた。すると老人、即座に答えた。

「はい。ありがたいことです。鼻が下向いてついていてくれるおかげで、雨の中でも息を詰まらさずに帰れます」

ここが、源左老人の真骨頂であろう。おそらく鼻の穴が下を向いてついていることに、感謝の念を抱いた人は、有史以来、誰もいないにちがいない。それどころか、目の前に鼻をぶらさげながら、もしかりに、これが上を向いていたら、という注意を払った人も、まず、ないであろう。

当り前のことだからである。人は、当り前だから、それでいいではないか、と言うであろう。が、当り前が当り前でなくなったときに、はじめてありがた味に気づく。

人間が人間らしく生きる、ということは、要するに、当り前のありがたさに気づくということなのである。当り前のありがたさという自分の間尺をもって比較すると、すべて好いことずくめになる。

考えてみれば、人間の生涯、難儀から難儀への旅である。それを難儀と見るか、当り前のことに感謝の日々を送るのか、生きる値打ちが、天と地ほどの違いを見せてくれる境い目である。

禅宗でいう「日々是好日」とは、こういう味わいではあるまいか。

花を見るとき、人は、咲きかけがいいと言う。あるいは蕾を愛でる人もある。一般は、なんといっても満開が最高で、桜ならこの時期、吉野山も円山公園の夜桜も、人でいっぱいになる。そして、散ってしまうと見向きもしない。

これは、人間の一方的な勝手を花におしつけているのであって、花自身は知ったことではない。名もない野の草花でも、蕾の時期も満開も散り初めも、それぞれ、花自身はせいいっぱいやっている。

花は花らしくやっている。そして、人間が見向きもしなくなって、花を散らせてからが、草花にとっては大事なのであって、種子をしっかり育てて、次の世代へ残そうとつとめて御座る。

花も、虫も、魚も、すべて、その世界で満足して生きて、そして死んでゆく。

あれで、色も恋もある。鶯が「ホーホケキョ」と美声で啼けば、人間は、あれは法華経を誦《よ》んでいる、とこう言う。それも人間が勝手に言っているのであって、鶯がお経を誦む道理はない。

事実、鶯がお経を誦んでいるとしたら、信心深い人は、お布施をもって山や谷を駈けまわらねばならぬではないか。いちども、そういう奇特な人がいたということを聞かぬのは、やっぱり、人間の勝手さをいささか後ろめたく思っているせいであろう。

「ホーホケキョ」は、鶯の恋のささやきであり、「別嬪さんいらっしゃい、別嬪さんいらっしゃい」と呼んでいる。

そうして、次の世代にゆずって、満足して死んでゆく。

草花も虫も鳥も、みんな「日々是好日」なのである。

仏縁

人間の智恵に立つと世は苦。
菩薩の智恵にたかめられると極楽。
なにごとも仏のおみちびきのままに。

明治八年に生まれた。

たいへんな時代だった。時代もさることながら、私の生まれた周辺が、湧き立つような状況のなかに立たされていた。いま、地図でいうと奈良県の桜井市になる。南大和である。多武峰《とうのみね》の談山《たんざん》神社というのがある。藤原鎌足の廟にあたる十三重塔を中心とした神社で、神社というより寺院建築と見まがうであろう。それもそのはず、もとはお寺であった。正式な寺号は妙楽寺といったが、古来、多武峰寺で知られた。平安期、北嶺の叡山や南都の興福寺とならんで、僧兵という勇ましい人をも養っていたらしい。そのお寺が、私の生家なのであった。

　ところがこの時期、それほどの由緒寺院が、時代の変革の波をまともに受けて、大揺れに揺れていた。いや、揺れただけでなく、お寺そのものが消滅してしまった。有名な「廃仏毀釈《はいぶつきしやく》」である。もともと、そんな大騒ぎになるほどのことでもなかったのだが、これもまた時代の勢いというものであろう。明治新政府が、その新国家の大黒柱に据えようとした神道が、国家神道として、あくまでも純潔でなければならぬという理由から、それまで長い歴史のあいだに、仏教と融合を余儀なくさせられていたのを、もとの形に戻すようにお触を出した。「神仏判然令」である。それはそれで、ちゃんとスジの通ったものではあったのだが、これに時代の勢いというやつが加勢した。

「御一新」といった。ありようは、薩長という外様大藩が枢軸となって徳川幕府を倒したという単なる権力の交替だったかも知れないが、それにおもおもしい意義づけがなされたために、国民的規模での反響を呼んだ。「王政復古」である。

　いま、考えてみれば「一新」と「復古」というまるであい反する運動方則が一つに結びついて流布されたのはなんとも奇妙であり、この奇妙さは奇妙さのまま、新国家建設の風潮をささえていくのだが、それはともかく、政治をお天子さん（天皇）の手にもどすとともに、政体を神武天皇の昔にかえすと言いだした。すると、神武さんの頃は仏教なんかあるわけはないし、長らく徳川幕府の精神的支柱となってきた儒教も当然、あちらへ帰《い》んでもらわねばならぬことになる。仏教もどうよう、インドへ帰してしまおうという機運になった。そこへ「神仏判然令」である。当然、人々はそれを政府による排仏令と受けとり、お寺に攻撃の矢がむけられた。

私の父は、多武峰の、いまでいえば執行長《しぎょうちょう》のような仕事をしていた。多武峰一山をお守りする責任者である。自坊は、九条家の宿坊であった。が、その多武峰から談山神社だけ残って、お寺は消えてしまうという。お寺で養われていたものは、いやもおうもなく、多武峰を出て帰農した。百姓仕事のできないものは、商売をするか、学校や役場の勤め人になるよりほかはない。そういう時代だった。

もう一つ、理由がある。

神仏判然令という一片の紙切れで、お寺が消えて失くなるか、あるいは路傍に放り出されるという結果になったことは間違いないが、それだけでなく、経済的基盤を失ったのが大きかった。

それまで、門徒宗（浄土真宗）のように民衆のささえによって成り立っているお寺は例外として、ほとんどの由緒寺院は、その末寺にいたるまで、仏教伝来以来の「官寺」の雰囲気で保護されてきた。具体的にいえば、御一新まで徳川幕府や領主から知行《ちぎょう》が出ていた。奈良の興福寺が二万五千石、高野山が二万三千石といった調子であり、小名なみの禄である。ついでながら、多武峰は三千石だった。それが、御一新で幕府もなくなってしまい、そればかりか、明治四年に、寺社の領地が新政府に没収されてしまった。

その後、神社は官営として、新しい禄を受けとることになるのだが、お寺のほうにはいっこうにそのお沙汰はない。それはえこひいきではないかと文句をつけようにも、神武さんのむかしに帰るというのが新国家の目標なのだから、仏教の割り込む余地はない。お寺は、幕府や藩と運命をともにするか、裸で娑婆に放り出されるほかはなかったのである。

いまから考えると想像もつかないことだが、奈良の名刹・興福寺も法隆寺も、素っ裸になった組である。それはもう、ひどいものであった。興福寺は、いまの奈良公園全体が境内だったといってよい。この中に、お寺の施設がいっぱいあった。たとえば、一山というのは、小さなお寺がたくさん寄り集まっているが、これらはほとんどたたんでしまい、主要な建物の食堂《じきどう》は師範学校になり、金堂《こんどう》まで警察署の手に渡るという調子で、辛うじて伽藍《がらん》だけが残った。

その伽藍も、中心になる塔まで売る話が出た。いま、奈良の名物になっているあの五重塔である。この塔を二束三文で買った人は、なんと、その二束三文の評価が、塔の中の金属だけだったというから恐れ入る。古建築としての価値も、宗教的な値打ちも一切無視して、てっぺんの九輪と水煙程度の金属だけを回収しようとした。排仏の気分というのは、そこまで来ていた。

　しかも、その回収の方法というのが振っている。塔に火を放って九輪と水煙を焼き落とそうとした。それまで仏都として、お寺の町に住みながら、いろいろおかげも受けてきたであろうのに、廃仏毀釈の嵐を比較的ひややかに眺めてきた町衆だったらしいが、この企画だけは仰天した。それはそうであろう。火を放って、塔だけきっちり燃え落ちてくれるならいい。しかし、あの塔に火を放ったら、おそらく四方に飛び火するであろうし、あるいは奈良の町は火の海になるかも知れぬ。それだけは、剣呑《けんのん》剣呑というので、強硬に反対した。我が身に火の粉が振りかかってくるまで静観していたのが、にわかに色めき立った。それで、五重塔は助かった。いま、猿沢池に影をおとすあの奈良の土産物的美景は、そういういきさつで、こんにちまで残されることになった。

　右に触れた「御一新」と「復古」というあい矛盾した運動法則が同時に進行した困惑のもっとも端的なあらわれであろう。「一新」という言葉は、勢いにあまって、洋風にあらためるをもって至上とした。これは、私の物心ついてからの強烈な印象だが、なんでも洋式をもって優とし、従来の日本の旧文物のすべては下等で恥であるという、あまりにも無知な気風が日本のすみからすみまで行き渡っていた。事実「上等舶来、和製下等」という言葉が流行ったのである。千年の伝統のなかに生きてきた日本人が、にわかに旧来の衣をかなぐり捨て新しい着物に飛びついただけでなく、旧来の価値を弊履《へいり》の如く捨て去ろうとした一環のなかに、こうした伝統寺院の大破壊という狂気じみたことが平気でおこなわれたのである。

寺院だけでなく、この機運のなかで、日本の立派な古美術などが、これまた二束三文で海外に流出するようになり、後年、やっと京都・奈良に帝室博物館（現・国立博物館）が設立されて、これらの保護に乗り出すことになったのは、なによりである。

法隆寺も、売り食い生活が始まった。

ここには、伽藍に火を放たなくても、多少、売るものがあった。有名な孝謙天皇（七一八〜七七〇）の百万塔である。かの悪名高い政僧・弓削道鏡《ゆげのどうきょう》を重用したことで、史上にあまり評判のよくないこの女帝の遺した供養塔が、はからずも千年後の法隆寺の経済的窮乏を救うことになった。

孝謙天皇の発願《ほつがん》になるこの百万基におよぶ供養塔は、十万は東大寺、十万は興福寺というふうに分散して奉納されていたが、いずれもながい歴史のなかで焼けたりして、現存するのは、法隆寺だけだった。仁王門の楼上におさめてあった。それを、三千だけ急場しのぎに売却することになった。千年の歴史を経て、きっちり原型をとどめているのは、高く売れる。中に陀羅尼が納めてある。これまで無事なのは、なお高い。何でも明治三十年当時の値段で、いいものは何十円という値段がついた。が、塔というだけで、御機嫌がきわめて悪いものは、買い手がつかない。

話はあとさきするが、青年期、私は東京・上野のお寺に宿を借りて、この塔の配布団体のお手伝いということで、半年ばかり、塔を背負うて売りに歩いたものである。

そういう有様で、法隆寺の、あの世界的な古建築を維持するために、明治以降のお坊さんは懸命だった。いまは連日、あふれんばかりの人々で、バスで団体がわっとおし寄せるが、当時はバスも汽車もないから、年中、閑散としていたものだった。ワラジばきで来るお客さんの、一文、一銭というのが浄財の基本だから、日に五十銭、七十銭という収入しかない。そのお金で四十幾棟の伽藍を維持してゆかねばならない。できるはずはないのだけれど、幸い、仏法のおかげで無傷でやってきた。

そういう時代に、私は仏門に入った。いや、入らされたというべきであろう。十五歳だった。

私は郡山の中学に通っていた。軍人になるつもりだった。富国強兵という国家の方針に乗せられただけではない。この時期、すでに国民皆兵という政府の施策が打ちだされて、男たるもの、いずれは兵隊にとられることにはなっていたのだが、この時期に、少年を軍人に狩り立てた気分というものは、西南戦争だった。

明治十年、それまで新政府の顕職にあった西郷隆盛が、政策上の対立から下野したのがきっかけで、地元鹿児島の士族による反政府党にかつぎ上げられて起こした、日本最後の内乱である。内乱も最後だけでなく、サムライという世襲の武士団が、武士団として武力行使をした最後のたたかいでもあった。このとき、鎮圧のために出動した政府軍兵士は、旧時代の士農工商の感覚でいけば、武器をもつことさえ許されなかった農民ばかりで、サムライの薩摩が百姓の兵隊に負けたというので、たいへんな評判になった。いままで頭ばかり下げていた百姓が、軍功次第では馬に乗って歩けるようになったというので、爆発的な人気を集めた。

私も、あわよくば馬に乗ってやろうと、ひそかに期していた。

そういうところへ、親父がいきなり「坊さんになれ」と言う。最近、宰相になられたかたの名文句ではないが、まさに青天の霹靂だった。そうであろう。親父は多武峰寺の執行長という要職にありながら、神仏判然令という一片の通達がきっかけで、おまもりしてきたお寺そのものが霧消してしまったではないか。そういう手痛い目にあわされて、こんどはまた息子に、禄も知行もない寺院生活に立ち戻れと言う。十五歳といえば、まだ排仏の気分が一般から脱けきらぬ時期で、正直言って、いまごろ何を好きこのんで……という気がしないではなかった。

けれども当時、親には絶対服従である。親の命に対して、それはいかなる理由によるものであるかというような問いも許されぬような気風のなかで、いやおうもなく、学業を途中でなげうって、馬に乗れる夢を捨てて、頭を剃る決心をせざるを得なかった。それだけに、これを命じた親父もかなりの覚悟をきめてかかったのであろう。

いまになって思えば、それがよかったと思う。

このときの親父の決断が、私を実りのある人生にみちびいてくれたと思う。そうではないか。もしこのとき、そのまま中学を終え、軍人として栄達の道を歩むべく、さらに上級学校へすすみ、職業軍人になったとすると、二十歳の日清戦争では、現役の兵士として、戦場に追い立てられたであろうし、あるいはこのときに敵弾に当たって死んでいたかも知れん。もしこのとき、敵弾にもあたらず、かなりの戦功をあげていたとしたら、こんどは三十一歳の日露戦争では、中堅の士官として、兵を率いて遼東半島や満州大陸を駈けまわらねばならなかったであろう。この時にまた命ながらえれば、今度は六十歳の声を聞いたとき、日中戦争の指導者的な役割を荷わされていたかも知れぬし、さらには、太平洋戦争に突入して、敗戦。その戦争責任を負って、腹を切っていなければなるまい。もしかりに、このときに腹を切るほどの勇気もなくて、生きながらえたとしても、いまはただ百五歳の老醜をさらしているに過ぎぬ。

ありがたいことである。私はいま、さいわいに百歳余の長命を得て、いまだに現役で僧侶としての仕事をさせてもらっている。これは、僧侶だから現役でつとまるのであって、たとい、今日のような平和な時代ではなくても百五歳の現役の将軍などというのは、およそ実戦はおろか戦争指導の役にも立つまいし、いたずらに過去の戦功を念仏のように繰り返して、そういう老いの繰り言で周囲を辟易させているのが関の山なのである。

人間、運命というものは、なにが機縁で、どう転ぶかもわからない。私は、このときの親父の決断のおかげで、馬に乗ることはついにできずじまいに終わったが、そのかわりこの年まで現役でつとめさせていただくことができた。しかも、仏法という人間最高至上の価値に出会い、その仏法をひろめるという仕事をあずからせてもらうことができた。なにもかも親父の無理強いで、頭をまるめたおかげである。そしてなにより、この仏法の真実にめざめる佐伯定胤《さえきじょういん》（法隆寺百三世住職、昭和二十七年遷化）という偉い師に出会うことができた。私が、仏法の仕事をつづけているのも、この人の影響によるものであり、いや、いまの私の仕事は、佐伯定胤師の遺産をみなさんに分配しているにすぎないと思う。

すべては、仏縁というものである。仏のおはからいなのであろう。

それにしても、因縁というもののおもしろさは、このときの私の運命の岐《わか》れ道に、岩倉具視さんという、戦後、お札の肖像にもおさまった人物が、すくなからずかかわっていたということである。もちろん、私は、この維新から明治日本を指導した気鋭の貴族にお出会いしたこともないし、むこうもまた、大西良慶などという男を知らずにあの世へ往かれたであろう。いつか、あの世でお目にかかることがあったら、

「その節は、おかげさまで」

とご挨拶しなければならないと思っている。といっても、無論、私のためにそういう運命の岐路を意図して敷設してくださったわけではない。この人は、明治日本の指導者として、大いに日本も近代ヨーロッパにならうべく、彼の地を物珍しく見物されてきたにすぎない。明治の初期であった。ヨーロッパを視察した岩倉具視さんは、維新の指導者にあやまりがあったことを痛感された。宗教をたいせつにしなければならないということである。ヨーロッパの各地で教会がさかんに活動し、国民もまた、この教会を中心に生活している有様をつぶさに見て、帰国後、新政府の政策を転回させた。

仏教の復活である。

まず、廃仏毀釈で大打撃をこうむったお寺から手をつけねばならないというので、由緒寺院の復興にかかった。事件のとき、門跡《もんぜき》寺院などの住職をしておられたかたは還俗されたりして京都へ帰っておられて、お寺はカラッポの状態だったが、まず、一乗院の宮の久《く》邇宮《にのみや》、いまの皇后のおじいさんにあたる朝彦親王が青蓮院《しょうれんいん》へ帰られたのをきっかけに、藤原家の氏寺である興福寺も、一門の藤原、九条、一条、三条、近衛の各家が集まって、園部《そのべ》忍慶《にんけい》さんを呼び戻した。この人、たった一年だが、私の最初のお師匠さんになってくれる人である。

こうして、頭はそろえたが、肝腎の坊さんが居ない。小僧も居ない。そこで、また藤原一門が鳩首《きゅうしゅ》協議して、一門に因縁の深い多武峰から一人、一山から一人、同じ宗旨の法隆寺から一人、といった具合いに小僧を出すことになった。

すでに触れたように、私の親父は、多武峰の執行長であり、自坊は九条家の宿坊という因縁がある。そういう筋から、親父が三人の男の子のうち一人を小僧に出す約束をさせられたらしい。そこで長男は、還俗した家を継がせることにして、次男だった私にお鉢がまわってきたという次第である。

小僧の修行は辛かった。

昔のとおりにやるから、小僧の責め方は禅宗にもヒケをとらなかったであろう。二十歳になるまで、冬でも素足で、足袋をはかしてもらえなかった。夏も冬も襦袢一枚、着物一枚で、朝からお寺の雑用に追いまわされ、そのあい間にお経をならう。閉口したのは、問答だった。なにがなんだか十五歳の少年には意味がさっぱり理解できない難解な問答を空でおぼえて、即座に応答できるようにしなければならない。

しかし、思えば私は幸運だった。小僧になって一年後に、師匠となる佐伯定胤師と出会うことになるのである。

右にも触れたように、私の小僧としての最初の師は、園部忍慶師であった。この師についている時期には、まだ無我夢中で、師の人柄についての印象も少年の心にきざみつけぬうちに、翌年、急逝された。明治二十三年、私は十六歳だった。そこで、東京で頑張っておられた雲井良海師（興福寺二百三十世貫首）が呼びもどされて、住職に就いた。この人、維新まえの興福寺の僧侶だったが、廃仏毀釈の騒動のなかでも還俗せずに、東京へ出て、講釈をして活躍しておられた。いま風にいうと伝道活動であろう。その実績が買われたのである。その通り、住職に就く早々、興福寺の復興は、学問以外ないと判断され、お寺に「法相宗勧学院《かんがくいん》」の看板を上げた。

この勧学院の講師に請われてやって来られたのが佐伯定胤師である。定胤師は斑鳩《いかるが》の法隆寺村の出身で、京都の泉涌寺《せんにゅうじ》で学問をされていた。泉涌寺は天皇家の菩提寺で、代々の天皇のお位牌が安置されている。泉山《せんざん》という。このお寺に佐《さ》伯旭雅《えききょくが》（泉涌寺百四十三世長老）という人がいた。唯識《ゆいしき》学者だった。当代随一だったという。このころは、京都だけでなく、各宗の唯識を志す学僧は、みんな泉山へ講義を受けに行ったので、ずいぶん盛んだったという。

佐伯定胤師は、この旭雅さんについて、唯識を学んだ。いまの清水寺の山内に白雲庵という離れがあり、そこを住み家にして泉山に通った。一の弟子であったらしい。旭雅さんの行かれるところへは、どこまでもついて行った。廃仏毀釈で、日本中の有力寺院がひっくり返るような大騒動を演じているときも、定胤さんは、黙々と唯識一筋につらぬいた。そうしているところへ、興福寺に雲井良海（明治二十七年遷化）さんが帰って来、お寺の復興は学問第一ということで、白羽の矢が立てられた。

佐伯定胤師の講義は、いまの仏教学の水準をもってしても、高度なものだった。

それが証拠に、ここで講義を聞いた人が、みんな自分の出身の宗派へ帰って、それぞれの宗学機関の先生になる。それぐらいだから各宗から選り抜きの学者が来る。奈良でいえば、法隆寺も薬師寺も来た。開校すると、さらに仏教界に評判を呼んで、かなりの受講生が集まった。

その頃、私はちょうど小僧上がりである。小僧上がりだから、そういう偉い人と一緒に講義を聞いてもちんぷんかんぷんで、さっぱりわからない。そこで、講義を初等と高等に分け、私らは初等のほうにまわされた。

ところが、そこまで態勢をととのえたところで横槍が入った。法隆寺である。法隆寺は、法隆寺学問寺という。学問をする道場である。そういう伝統があるから、本来、法相宗勧学院はい、うちでやるべきだといってきた。

このとき雲井さんの態度は立派だった。せっかく看板を上げたばかりだが、そういう横槍ともとれるスジ論にしたがった。佐伯定胤師を法隆寺に帰した。

そこで、法隆寺に「法相宗勧学院」の看板が上がった。講義を聞いていたものもみんなついて行った。なんのことはない。興福寺から法隆寺へ、場所を替えただけのことである。もちろん私もついていったが、やっぱりここでも、初等・高等に分けられ、私らはその第一期生ということになった。

勧学院の生活は、やっぱり辛かったという思い出のほうがつよい。興福寺と法隆寺と、いまでいえば、汽車でほんの目と鼻の先だが、当時はそういう交通機関はない。朝、寺を出て学校に行って、帰って足を投げ出してごろんと寝るような芸当はできない。きまりとしてそうなっていたわけではあるまいが、自然、いまでいう全寮制のような形になった。禅宗の僧堂に入ったようなものである。

世話をしてくれるのは男衆が一人。それが、買い出しだけはやってくれるが、あとはみんな、自分らでやらねばならない。飯たきや風呂たきや、雪隠《せっちん》の掃除もみんな当番。畑仕事もした。忘れられないのは、頭の剃りあいっこである。日を決めて、みんなで頭を剃る。毛のきついものは、よく切られた。カミソリで皮膚を切られるというのは、それは痛いものである。痛い痛いと悲鳴をあげる。皮膚ごと切りおとした毛根をつまんで、その傷跡へちょこんとのせる、というようなこともあった。笑いごとではなく、そういう場面もあった。もちろん、お師匠さんも例外ではない。われわれが剃る。この人だけは、毛根を削ぎおとすような真似はできない。さすがに緊張した。

もっと辛かったのは、講義であろう。いまになってありがたいと思ってはいるが、当時はたいへんだった。今日、講義を聞いた内容を翌日、輪講しなければならない。輪講に当たるのは、クジで決めるのだから、クジ運の悪いのは、ほとんど連日、やらねばならない。師匠の講義を、自分の理解を加えて、みんなのまえで講義をすると、質問がかえってくる。いい加減なこたえを出すと、みんなでやり込めて、立ち往生する風景も珍しくはなかった。この輪講のために、半日をあけてある。最後に立ち合いの定胤師が判断を下すのだが、それまで、やり込められるようなことがあってはたいへんだから、みんな目の色をかえて勉強した。定胤師の講義を一語も聞き洩らすまいと、緊張して受講した。いま、こういう親切な教えかたはないだろう。

親切といえば、定胤師はよく怒った。これも親切のうちであろう。容赦なく叱った。きびしい人で、きびしくしておられるのだろうが、私らには、ときには、性来の癇癪もちとも受けとられ、それは、機嫌をそこなわぬように、そこなわぬように心がけた。

のちに定胤師は法隆寺の住職になり、客の出入りも多くなり、寺のことで東京やあちこちへ出掛けられる用件が増えて、講義の休みがつづき、そのうちに、東京や京都の仏教系の大学の講座が増えてきて、学問を志すものはそっちのほうに足をむけるようになり、生徒もなくなって、定期の講義は行なわれなくなるが、私らの卒業した時期が、もっとも充実した頃だったといえるだろう。

初等から始めて高等と、全科を終わらしたのが明治三十年、二十三歳だった。この学業のおかげで、翌々三十二年、私は、大僧正に補せられ、興福寺の住職となる。この年、父と母があいついで他界した。

ついでながら、佐伯定胤師のことについて、もう少し触れておきたい。
定胤師は、比丘《びく》であった。私の知っている範囲では、奈良仏教系では、最後の比丘ではなかったか。

比丘とは、平ったくいうと、お釈迦さんが在世のころの仏弟子と同じように、戒を受け、戒律のとおりに生活をまもっていく僧侶をいう。いま、日本におそらくお坊さんは、二十万人前後は居るであろうが、まずほとんど、この比丘は居ないと思っていい。いや、たぶん居ないであろう。居るとすれば、比叡山か高野山の平安仏教以来の伝統の方が、あるいは居られるかも知れないが、すくなくとも、わが奈良仏教系では、絶えたのではあるまいか。

なるほど、奈良の東大寺には、戒壇院があって、そこに登って戒を受ければ比丘になれるという場所だけはのこっているが、そのさい、立ちあいの十人の比丘を必要とする。いま、というより、ここ半世紀、そういう戒律をまもってきた人が十人、そろっていたかどうか、思い出そうとしても、首をかしげるばかりで、顔が浮かんでこない。まず、私の記憶に間違いがなければ、定胤師以後、奈良仏教系の比丘というのは、絶えてない。だから、今後も生まれぬであろう。

こういえば、現代仏教の怠慢とか、堕落といった月並みな批判が浴びせかけられるだろうが、ちょっと待ってもらいたい。比丘になって、とても現代では生活が送っていける状態ではないのである。

かくいう私も、むろん比丘ではない。「沙弥《しゃみ》」という、ほんの入り口の関門を通過しただけである。一通り頭を剃ってもらって、一応の坊さんになっているだけである。沙弥をさずかり、したがって以後まもっていかねばならぬ戒律は十戒だが、それが比丘になると、二十五倍の二百五十戒になる。

この二百五十戒に、以後、生活がすっかり縛られる。たとえば朝はきっちり寅の刻（午前四時）に起きて勤行し、朝食がすむと講義があり、説法があり、その間に授戒もある。そして、昼十二時を過ぎると、ご飯も食べられない。一人で、そういう生活をやっているならよい。ところがこの比丘という暮らし、一人ではできないようになっている。

とりわけ現代では、たとえば、供がないと外へも出られない。お釈迦さんの在世当時そっくりにやるのだから、自分でガマ口からお金を出して汽車の切符を買うという真似もできないのである。それらは、すべて供がやる。外へ出なくても、お寺のなかの立ち居振舞すべて、供がいる。しかも、その供がある程度、比丘の生活と歩調を合わせねばならない。たとえば比丘が昼の十二時以降、ご飯を食べないとなると、共に僧院で暮らすものとして、当然のこととしてつきあわされる。比丘でもないのに、そういうおつきあいをひきうけてくれる小僧はもう、いまどき居ないであろう。

私の小僧の頃、西大寺の長老が比丘だった。だから小僧さんも昼を過ぎると食事を摂れない。そこで麦の粉をお湯で練って、箸を立てても倒れる程度のものをお湯として飲んでもいいという便法《べんぽう》があったそうで、西大寺の小僧は、そんなものを食わされているのかと噂しあったものである。

だから、佐伯定胤師も比丘になられるとき、ずいぶん考えたらしい。法隆寺の住職として、いろいろ世間との接触がある。会合にも顔を出さねばならないし、目のまえには、伽藍修理という住職としての務めがある。それを果たしながら、比丘としての戒律をまもっていけるのかどうか、迷われたらしい。それをとうとうやり遂げられて、八十年の生涯を、それこそ仏様のように送られた。

もともと、日本の仏教は伝来当時から、在家仏教だった。だから、その伝統で、独特の日本仏教が展開したといえる。平安仏教でいえば、伝教大師（最澄）の天台宗から、のちに、禅や念仏や法華といった宗派が出てくるし、弘法大師（空海）になると、いま信者さんにとっては、日本のお釈迦さまみたいにありがたい存在になっている。

当初から、そういう宗教風土を生む土壌をもっていたといえるだろう。

しかし、本式の坊さん（比丘）による仏教をととのえたいという要求は、ないではなかった。だから、奈良朝まで、比丘になるためには、わざわざ船に乗って中国まで戒を受けに行った。けれども、それでは、おのずから数が限られてくる。なんとか日本で戒を受けるようにならないものだろうかと、中国に働きかけて、戒師の招請を具体化したのは、聖武天皇の御代（七二四〜四九）だった。

当時、中国に鑑真という大和上がおられた。中国仏教界の第一人者だった。そのもとへ行って人選をたのんだ。誰か、適当な戒師を寄越してもらえないかというのである。鑑真は早速、お弟子さんを集めて、希望者をつのった。が、誰も二の足を踏んで、応じるものはない。当時の船で、日本に渡るというのは、それこそ命がけだったから、そういう大航海に尻ごみするのはわかっている。けれども、命がけだから厭だとはいわない。こころみに、二、三人の人に声をかけたが、どれもが、自分は未熟で……というのを理由にする。そこで和上さん、「それならば私が行こう」と言われた。すると、おもしろいことに、いままで尻込みしていた連中が、われもわれもと随行を志願して、たちまちのうちに、授戒に必要な人数は揃ってしまった。

だが、それからがたいへんだった。決まってから、二十年かかったという。政治的な思惑がからんだり、いざ船を出しても、出ては流され出ては流されして、難航して、とうとう和上さんは盲目になられた。それでも来られた。やっとの思いで奈良の都に着いて、東大寺に戒壇院を設けて、はじめて日本で正しい戒法による比丘が誕生した。このとき、聖武天皇も戒を受けられたらしい。もちろん比丘ではない。沙弥になって、「沙弥妙満」という戒名をいただいて、その翌年、亡くなられた。

のち、鑑真和上は隠居して、唐招提寺に、戒律の本山をつくられた。だから、いまも唐招提寺は、いつもきれいに律の本山らしくすがすがしい。もう十何年にもなるか、和上さんの法事に招待を受けて、お斎《とき》（食事）をよばれたが、それはもう粗末なもので、板の上にお握りをのせて、その横に煮染《にしめ》とお漬物だけという料理だった。この、いかにも戒律のお寺らしい料理に、私は和上をしのぶとともに、佐伯定胤師の比丘としての生涯をおもいかえしたものであった。

それから、ちょうど千二百年たつ。千二百年の戒律僧の伝統が、いま、いささかあやしくなっている。これからも、期待できる余地はない。

右にもちょっと触れたように、日本に伝来した仏教は、当初から在家仏教であった。在家仏教の礎をきずかれたのは、聖徳太子だった。日本仏教宗の宗祖といってもいいであろう。聖徳太子をなぜそのように評価するのかというと、単に仏教的業績だけでなく、その全体像において、つねに仏教に基本をもち、仏教によって立っておられたからである。その内政、外交、文化の各方面にわたって、すべて仏教が根幹になり、逆にいえば、太子の業績から、仏教を抜いてしまうとみんなガタガタになるような、そういう位置関係である。つまり、太子は、仏教をもって、専門の修行や学問に専一するのではなく、仏教をその太子としての業績に問うたのであり、もっというなら、歴史に問われたのである。

　これを、われわれからいうと、仏教を生活に問うということになろう。

　ともかく聖徳太子は、その内政家・外交家として、天下第一の人物であった。史上第一であった。いや、わが国での評価だけでなく、世界史的にも、高く買われるであろう。

　外交家としての腕が凄かった。日本が世界の列強に向かって、本当の「力」でもって対抗した外交家というのは、太子以後、絶えてないではないか。当時、日本が相手にする大国といえば、中国であった。その力関係といえば、とうてい現在の日米、日ソ、日中の比ではなかろう。相手は世界に輝ける文明国であるのに対して、日本は未開国であった。中国は、そのとおりに見、そのとおりに待遇してきた。それを太子は、太子一人のはたらきで、対等の位置まで引き上げた。もちろん、ここでいう「力」とは、いま考える力ではない。軍事力や政治力ではない。

文明も経済も、相手はあたえるいっぽうで、こちらは、受けるばかりという状況のなかで、太子は、太子にしかできない「力」を発揮した。それが仏法の力であった。

当時、日本はなにもかも中国のお世話になっていた。全部、むこうから吸収した。ところが、その頃、日本人は自由に漢字をあやつられないので、朝鮮の人に中立ちをしてもらっていた。船による往来の国書を書いてもらっていた。太子は、学問して、国書を読み返してみた。すると、その文面には、日本は中国の属国ということになっている。これはいかん、日本は独立を宣言せねばならぬと、太子は自ら筆をとられた。これが有名な、

「日出ずる処の天子、書を日没する処の天子に致す。恙《つつが》なきや」

という文書である。当時の中国皇帝・隋の煬帝《ようだい》はこれを読んで烈火の如く怒った。「東夷《あずまえびす》、無礼なり」というわけである。

が、そこまで自信をもって国書を書くからには、それだけの裏づけがあるのかも知れない。その天子とやらを見て来てからでも、この無礼に対する応接は遅くはなかろうというので、使いをやって様子をさぐらせた。当時、難波《なにわ》の四天王寺が政府の出先機関になっていた。使いの一行は、ひとまずそこに着き、竹之内峠を越えて飛鳥へやってきた。そこではじめて太子を見て、びっくりした。これは、当り前の人間ではない。神様だというのが第一印象であり、そう

いう神様の指導する国は、神仏の国にちがいないと本国に報告した。いらい「東方、礼儀の国」という対等の扱いになった。

大国に圧倒されて、屁っぴり腰になっているのは、人間の世界ではしようがない。それで、太子は人間の世界を超えようとされた。仏教の教えに会って、国の政治をあずかるのは、人間の知恵だけではいけない、菩薩の位でなければならぬと覚られた。

聖徳太子は、法華経、勝鬘《しょうまん》経、維摩《ゆいま》経の三経を受けて、自分を菩薩の位に仕上げられた。お手本が観世音菩薩である。四天王寺も法隆寺も、如意輪観音がまつられている。お経の上では、人間の苦を救うのは観音さんである。「妙智力はよく世間の苦を救う」とある。人間の苦を救う観世音菩薩の地位に立つと、大きな国も小さな国も、所詮は人間世界の営みにすぎなくなる。太子は、太子自身を菩薩の位におくことによって、大国の威圧をはねのけた。

内政面でも、立派だった。あの十七条憲法が、その理想の高さを物語っているであろう。いまから千三百七十五年もまえに、いや、時代というものを問わなくても、その第一条に「和をもって貴しとなす」というような、堂々たる宣言がなされている憲法は、どこの国にあるだろうか。

太子の時代は、人間に知恵がなく、喧嘩ばかりしている。人間には欲がある。知恵のないものは負かされる。裁判になっても、運動するものや弁の立つものが強い。十七条憲法のなかに、書いてある。弱い者の訴えは、水を石にぶっつけるようなもので、水は石に入らない。金のある者の訴えは、石を水の中に入れるようなもので、すんなりと通る。これでは国民のやり場がない。それで役人は大いに心せよといましめている。

世の中が正しく生きるには、役人なり、政治をやっている者がまず襟を正さねばならない。太子の在家仏教は、まず教養のある者から説いていって、指導者階級からあらためていって、それが国民全般に行きわたるようにされた。

その基本に仏法がある。人間の知恵ではどうにもならないことを、みずから菩薩の位に上げることによって、国民が楽に楽に暮らせるように心がけられた。「観音妙智力」である。観音さんを信じたら、苦が楽になるということの教えを、現実の政治に生かされた。

苦が楽になると人間、悪いことはしない。苦しいから悪いことをする。ムカデが畳の上を這っていても、ウチワでそっと上へのぼらせて外へ放ってやったら何もしない。知らん顔をして、むこうへ行ってしまう。ところが、火箸でおさえようとすると、きりきりと巻きついて、咬みついてくる。知らん顔をしていたら、相手も知らん顔をしている。苦しいことをすると咬みつく。

人間も同じで、苦しいことがなかったら、悪事をはたらかない。食べられないから物を盗る。人間の世界に苦しみのないのを極楽という。みんな極楽でなければならない。みんな、極楽の生活をしようというのが、在家仏教の根本である。

私の場合に戻る。

師の佐伯定胤師は、比丘としての生涯をまっとうされたが、私は在家仏教の伝統にかえった。すこしでも、多くの方に、生活のなかに仏教を問うていただこうと、私は私なりに努力してきた。が、決して、師と別の道を歩んだのではない、と私は思っている。いや、むしろ師の業績の延長線上を、私は歩ませてもらっているという、ひそやかな自負さえ抱いている。

大正三年、四十歳で清水寺に晋山した。以来六十五年、私は、日を定めて、定例講座をつづけてきた。いまなら第二、第四の日曜日の朝、山内の成就院で講座をひらく。もちろん、受講に制限があるわけではない。誰でもよい。勝手に来て、勝手に帰ってもらえばよい。何年で終わりというものでもない。好きなだけ、聞いてもらっている。

その講座が、ほかでもない。「唯識」である。しかし、唯識という仏教哲学は、そのままでは、一般の人にはわかってもらえない。そこで「心の世界」という題にしている。ひとくちにいえば、人間やあらゆるものの実在は心（識）であり、この心をはなれて実在するものはないというのが、唯識なのであるから、それでよいと思っている。

要するに、みんな菩薩の心にたかめていただきたいというお願いをつづけてきた。結構、たくさんの人が集まってくれる。何十年、皆勤という人もある。仏教は潰滅に瀕するかという時代に、無理矢理、頭をまるめさせられた身には、大いにありがたいことである。形としての仏教は、あるいは歴史の事情によってこわれることがあっても、「心」の中に生きつづける仏教は、決して滅びるものではないというのが、この六十年間の講座で得た感想である。

平等

人の仕事は役者のようなもの。
カツラの形で役割が違う。
カタキ同士が楽屋で仲良く一服。みんな平等。

昭和二十六年にお天子さん（天皇）が、うちの同和園に来てくださった。

その翌日、丹後の宮津へ行かれた。なんとか庵というところへお泊まりになって、なにかおなぐさみにというので、但馬牛を十頭並べて、それを見ていただいたという。庭に十頭の牛をずらりとつないで、その後ろに飼い主がそれぞれひかえている。そこへお天子さんがお出ましになった。

いちばん端の牛のところへ行かれて、牛の頭に手をのせて、「ああ、いい牛ですね」とこう仰せになった。牛には、お天子さんから声をかけられたというような意味はわからないが、飼い主が感激して、いよいよ低頭した。すると、それをご覧になったお天子さんは、次の牛のところへ行ってもやはり同じように頭に手を当てて、「ああ、いい牛ですね」、次の牛でも「いい牛ですね」。とうとう十頭の牛全部の頭に手をのせて、同じように会釈なさったと、当時の宮津の市長さんが来て言っていた。

お天子さんが、お天子さんとして香りが高く、お天子さんとあがめられるのは、その平等性のゆえだと思う。

われわれは、とてもこの真似は出来ない。一頭や二頭だったらやれるが、十頭全部となると、もう面倒くさくて投げ出してしまう。しかし、お天子さんはそうはいかない。せっかく見ていただこうと丹精をこめて連れて来たのだから、一人の牛を褒めて他のを素通りしたとなると、これはえこひいきになる。だからお天子さんは、みんな平等に、褒めてまわられた。

お天子さんの平等というのは、これはもう菩薩行である。

私の少年期から青年期にかけて、まだ江戸時代の雰囲気が残っていた。残っても形として残るのではなく、御一新後の比較の材料としての旧時代がいつもひきあいに出された。

たとえば、私がこの世に生を享けるほんの一昔前まで、世襲的に身分や職業が固定されていた。士農工商である。それぞれが維新で打ち払われ、身分階級はなくなった。誰でも自分の能力に応じて、能力を発揮できる世になった。具体的にいえばかつての足軽百姓でも一国の総理大臣になれる。現に、そうなった。総理大臣といえば旧時代の天下の将軍職である。世襲的に徳川御三家からえらばれ、それは遙か彼方の雲の上の人であった。その職にわれわれも、能力と機会さえあればなれるという。えらい時代になった、まったく、平等の世になったと、溜急まじりに喜びあっていたものである。

「御一新」とは、それほど偉大なことをしたのかと、そういう時代に生まれた私らの誇りでもあった。ところが、無理矢理頭をまるめさせられて、仏教の道に入り、すこしばかり仏教のことをかじると、なんのことはない、いまから二千五百年もまえにお釈迦さんが言うておられたということがわかった。

お釈迦さんの時代の階級制度というのは、江戸時代よりもっときびしいものであったらしい。それを、お釈迦さんは、そんな阿呆なことがあるものかと言い出された。「四姓平等」という。天下はひとしく平等である。金持ちも貧乏人も、それ自体に尊卑があるものではなく、人間として正しいのがすぐれた人間であり、仏にちかいものであると主唱して、はだしで歩いて説いてまわられた。いまでいうと革新である。

革新の一番の先達がお釈迦さんである。その流れを汲む仏教徒が革新はこわいと言う。肝心のお釈迦さんが革新の親であり、階級制度を打破し、人民を平等に見て人間の権利を主張し、人間も神も仏も動物も同じであるという大平等の世界を開かれた。私は革新なんか、すこしもこわくない。

人間だけが平等だと言うのではない。一切は平等だと言われる。人間中心にものを考えると、動物は人間に食われるために生まれて来たのだから、つかまえて食って当然だということになる。

しかし、この世に食われるために生まれてくるものなどいない。生まれたかぎり、みんな自由の世界に生きようと思っている。それを強いやつが出てきて、とって食うというのは、不法であり罪悪であるとお釈迦さんは言う。だから戒律ができ、弱いものを殺して食ってはいけない、人間同士の殺しあいをしてはいけないと、いましめられた。

だから、私は革新がこわいとも思わねば、その主張が、おかしいとも不思議だとも、なんとも思わない。二千五百年もまえに、お釈迦さまが言われたことを、今頃の人間が、今頃になって言うておることのほうが、よっぽどおかしい。

仏教では「平等観」というものを教える。

自分、他人という差別に立つと、寸法があわないから苦がおこる。人が裾模様の着物を着ていくのに、自分が平服で行くのは恥ずかしい。人が自家用車で行くのに、自分が拾い車（タクシー）では格好が悪い。これが差別観である。

仏教の平等観に立てば、自分というものをまず守るようになる。自分の寸法を守らずに、他人の寸法をおしつけようとするから苦になる。着物でいえば、裾模様でも平服でも体の温かさには変わりはない。自分の寸法にあった着物を着ればよい。

食べ物でもそうである。

鯛の焼き物でも、大根の煮物でも、体に合いさえすればいい。西洋人は肉類を摂るのに、日本人はお茶漬サラサラだと見比べるから、食べ物の不足が出る。苦である。鯛の焼き物がいいといっても、朝昼晩と食わされるとたまったものではない。一番いいはずのものが悪くなる。苦は妄想である。

お百姓さんが作業衣を着て田に入り、泥んこになってはたらいている。それを商人は、背広を着て自動車に乗って見て通る。農民がああいう服装をして泥んこになってはたらいているのは、まことに気の毒で、それにひきかえて、自分は自動車で走っているという優越感にひたる。

これも妄想であろう。

お百姓さんは決して自分が気の毒であるなどと卑下はしていない。商売人が羨ましいとも思っていない。結局、仕事をして生きていくということにおいてはすこしも変わりがないのであり、それぞれがそれぞれの寸法をまもっているのだから、まったく平等なのである。

お百姓さんはお百姓さん、商人は商人、みんな職業としてのカツラをかぶっているにすぎない。

舞台に立って芝居をしている役者と同じである。カツラのかぶりかたによって殿様になり、家来になり、斬る役になり、斬られる役になる。

それが楽屋では、殿様も家来も、斬るほうも斬られるほうも、一緒になってタバコを喫んでいる。人生すべからくそういうものであろう。

楽屋で一緒になってくつろぐところに、仏教でいう「平等観」の味わいがある。楽屋で一緒という平等観があれば、差別観の苦を克服する。

お百姓さんのカツラをかぶった人と、政治家としてのカツラをかぶった人は、形がちがうだけで人間としての本質は同じであり、型によって、殿様になり家来になる役者と同じで、殿様の役者が偉くて家来の役者が劣るということのないように、政治家が偉くて農民が劣るという道理はない。みんな一緒なのである。

家で遊ばせている子供のところへ、同じ年格好の隣の子供がやってくる。家の子が粗相をして、ウンコを落とすと、おばあちゃん、「おおそうかそうか」と言って塵紙で始末をしてやる。ところが、隣の子が洩らすと、そうはいかない。「早くお母さんを呼んでおいで」と、すさまじい見幕で言う。

これが差別観である。ウンコという物体は同じなのに、家の子のは、なんともなくて、隣の子のは汚く感じる。ところが平等観に立つと、隣の子のウンコだって、家の子とどうよう、平気で始末できる。

平等観には、綺麗も汚いもない。

我

**人はつねに人の足らざるところを探している。
自分で褒めずに誰が褒める。
我愛のつよいのも愛嬌のうち。**

むかし、「我《が》」を離れることをもって、高度な美徳とされた。

とりわけ、ご婦人がたには、これがつよく要求された。平ったくいうと、「我の強い女」というのは、むしろ容貌の美醜よりも優先するほどの不徳と見なされていた。だから、女の子は、年頃にさしかかると、口やかましく、この「我」を折るように両親は躾けたものである。なんと我の強い娘か、と叱るとき、親の気持ちでは、まるで娘に悪魔がとり憑いているような気分になっていたらしい。

いまは、そうでもないと見える。むしろ「個性的」などという女性像がもてはやされる。これは、我を折るどころか我の主張であり、自我愛の大登場であるところに「個性」というものが存在し得る。我とは、要するに自我愛であり、人間、自我愛というものを放棄して、とうてい、生きて行けぬ以上、我を捨てよといわれても、せいぜい我を表面に出さぬように慎しむのがせいいっぱいであり、すると、いっそう内側で自我愛が燃えたぎるというのも、人情であろう。

だいたい、殺生である。ことのほか、自我愛の強烈な女性に対しては。

たとえば、男の人なら髪が白くなっても、頭が禿げてきても、比較的、恬淡《てんたん》としておれる。あなた、だいぶ禿げ上りましたな、と声をかけると、「はい、おかげさまで」とこたえる人もある。そこまでいわなくても、手でつるりと撫でて、それでおしまいである。ところが、女性の場合は、そうはいかない。おばあちゃん、禿げてきたな、と声をかけたら、「おかげさま」どころか、「えっ？」と大声をあげて仰天する。仰天するもなにも、朝な夕なに、鏡とにらめっこして、日に日に薄くなっていくのをまるで生命をすり減らすような思いでたしかめてきたはずであり、つとに御承知のはずである。にもかかわらず、他人から指摘されて、あらためて驚きの声をあげるのは、自分の眼では確認できても、他人の目はまだまだ誤魔化せると思っていた証拠であろう。

そこで、大あわてで、他人の目をあざむく工作を施さねばならない。むかしは「黒んぼ」といった。頭髪の抜けた部分を黒く塗って、さも緑の黒髪がかぶさっている如くに粧《よそお》う、一種の塗料である。じかに皮膚に塗るのだから、本物の頭髪をのせたようなわけにはいかない。薄くなったところへそれとわからぬように描いてゆくには、かなり高等な技術を要するであろう。するといきおい、頭髪の有無にかかわらず、頭髪のあるべき部分にべったり塗りつけることになる。

これまた古いたとえだが、ちょうどお釜さんをひっくりかえしたような塩梅である。いっぱい墨をくっつけた部分を上にして、人様の前へ出ていく。お釜さんの尻は、いくら墨をくっつけていても、それ自体生きものではないから何の変化も起こらないが、頭皮は生きている。毛髪は抜けても毛根は生き、そこから呼吸しつづけているから、毛穴を塗料でふさがれると、生理という自然がはたらいて、汗を噴き出させる。汗は、体内から分泌される水分であるから、これまた自然に、高きより低きに流れる。流れるときに、頭皮の黒んぼを容赦なく融かして落ちる。頭皮も皮膚、顔面も皮膚だから、頭皮にくっついた塗料は、顔にも馴染む。まったく惨《さん》憺《たん》たるものである。

もちろん、いまこんな苦労をする人はない。帽子みたいなものができていて、四十がらみ、六十がらみと揃っている。それを買ってきて、ちょっと頭にかぶせて出ていく。若い人でも、欧米の人が茶色だというので、真似して、茶色をのせて歩く。もうちょっとしたら、目玉が、ぶどう色になる注射ができるかも知れない。注射次第では、片方がぶどう色で片方が黒目というような、奇抜な格好ができるかも知れない。

ご婦人がたの「主張」も、そこまできた。そこまできて、つまり、帽子さえのせれば、おつむを気にしなくてもいいようになっても、やっぱり、髪が抜けると、大いに気になるらしい。男性は、ヒゲを剃り慣れているから、櫛にくっついて抜けた毛髪もパッと捨てることができるが、女性は、そうはいかないと見える。こんなに抜けた、と口惜しそうに、抜け毛をかざして、と見こう見する。「四谷怪談」の、抜けた髪をつかんだお岩さんの怨念は、このあたりの機微からきたのかも知れない。

いずれにしても、これほど自我愛のつよいご婦人がたに、集中的に、「我」の放棄を強いてきたのは、不当といえば不当であり、それは長くつづいた男中心社会に、きわめて好都合なように、仕組まれてきたものであろう。

「我」というのは、仏教の領分である。

仏教は、我執から跳び越えることをすすめる。たとえば禅でも念仏でも、自己にとらわれてはいけないといましめる。「我」という言葉も、その思想も、根元は仏教にあるといってよい。しかし、だからといって、わが国における長いあいだの男中心社会に、一方的に女性のみこれを強いてきた事実まで、仏教の責任にされたのでは、これはいささか心外というほかはない。仏教は、女性にのみ自我愛の離脱をおしつけているのではなく、男女両性に平等に説いているからである。仏教は断じて、一方にえこひいきをするということは、あり得ないからまず安心していただきたい。

人間、男女にかかわらず、個性というものをもちあわせている。個性ゆえに、それぞれ生きかたが変わってくる。同じお母さんのおなかから生まれた兄弟でも、大出世する人と、平凡に生きる人が出てくるのも、この個性の違いと、運命との出会いの故であろう。その根本は、「我」である。我がそのまま出ると、気ままになる。

人間、社会生活を営んでいるかぎり、その個性も、社会との適合が問題になってくる。いくら個性的がいいといっても、人殺しがそれであったり、物盗りがそれであっては大いに困るのである。こういう気ままを発揮されたのでは、社会は滅茶滅茶になる。そこで、一人前になるまで、親や先生が、そういう悪い芽をつみにかかる。植木でいえば、見苦しい枝を剪定するようなものであろう。悪い枝を切り落として、格好をととのえる。それが人間の場合は、胎内の時代からの教育（胎教）であり、家庭教育であり、学校教育であり、社会教育である。それで、人間、まっすぐ伸びる。放っておくと、どんどんゆがんでゆく。

　ある全国でも屈指の銘木の産地の人が来られて、丸太の話をしてくれた。そこの丸太は、下も上も同じ太さでないといけない。同じ太さですっと伸びているから、柱や床柱などで飾られる。そのまっすぐな木のなかにもいろいろあって、上、中、下があって、それによって値段が違ってくる。だから、銘木といわれるものを育てるのには、たいへんな苦労がある。畑に種をまいて二葉から育てて、山へ移し替える。しばらくは、一本一本、突っぱりをして、曲がらずにまっすぐ伸びるように、周囲から支える。まっすぐに伸びようとするのを邪魔だてするものがある。雑草である。若木のあいだは、この雑草や雑木類のほうが伸びる勢いがつよいから、まわりからとり囲んでしまって、成長を妨げる。そこで、下刈りといって、大勢の人手を入れて、春から夏にかけて、周辺の雑草類をとり除いてやらねばならない。そうして、どうにか一人立ちできる頃になると、今度は、雪がこわい。とりわけ、雪質の重い春雪は、葉の上から覆いかぶさって、幹をくの字に曲げてしまう。曲がらぬように予防しなければならないし、曲がったら、手当をしてやらねばならぬ。そのようにして大きくなったらなったで、余計な枝を払うために、一本一本、木登りをして、枝打ちという手をかけてやる。放っておいたら、雑木の陰でしょぼしょぼとしてしまうか、曲がったり横に枝を張ったりして、銘木にはならない。このように杉の木にでも、教育がいる。人間も植物も同じであろう。植物本来の「我」を、みんなが寄って、直してやることによって、まっすぐに伸びることができる。

仏教では、人間の「我」について、我愛、我慢、我痴、我見の四つがあると説くが、要するに我愛、自分が可愛いというのが基本であろう。

自分が可愛いという思いは、赤ちゃんの頃から出ている。目が見える頃になると、目の前に指でもかざすと、自然に目を閉じる。自分の目玉をまもろうとしている。泣いたり、怒ったり、足を伸ばしたり、騒いだりするのは、やっぱり我愛であろう。それがすこし大きくなると、なんでもかんでも口にものを入れたがる。入れるものがないと、指をしゃぶっている。口が可愛いからであろう。赤ちゃんの時代から我愛がある。

もうすこし大きくなると、動くものを見ると恐い。蟻が恐い、蛙もミミズも恐い。火というもののおそろしさをおぼえさそうと思って、線香に火をつけて「熱いぞ」といってさしだすと、触れもしないのに、熱いといって泣く。我愛がはたらいているすがたで、こんな小さな子供にも、自己愛がでる。

この自己愛を野放図にしておくと、自我愛にあまって、人のものを盗ったり、人を殺したりという悪の結果も出て来かねない。そこで、両親や先生や、周囲が寄ってたかって育てていって、行儀よくさせなければならない。銘木でいえば、下刈りをしたり、枝打ちをする作業である。

けれども、それで、「我」というものが抜けきってしまうかというと、そうではない。どんなに聖人君子になっても、好き嫌いというものがある。人間相手に好き嫌いがある。食べ物に好き嫌いがある。物に対して好き嫌いが生じる。物に対する好き嫌いは、高じてくると、他人の持ち物でも気に入ったとなると、自分のものにしたくなる。物盗りのはじまりであり、人間、好悪の感情を捨て切れぬかぎり、みんな、盗賊の精神をもちあわせ、盗賊になり得る資質を持っているということになる。

食べ物の好き嫌いは、おもしろい。たとえば、お酒の好きな人は、酒を満たして盃を口許へ運んだだけでニッコリと笑う。そうして飲むほどに気分陶然となり、ついには、へべれけになってもまだ飲みたい。ところが、酒の嫌いな人になると、盃が匂うただけで、臭い臭いという。

おもしろい昔話がある。

大酒飲みがいた。しかも酒癖が悪いときていたから、世間の鼻つまみものだった。酒癖の悪い人というのは、どうも自分でもそのことを知っているらしい。自分でも知っていながら、酒が入ると「我」がふくらんで、それまで知恵で抑えていたものが抑えきれなくなる。なにもかも気に入らなくなって、暴れ出す。わかっていながら、何度も何度も繰り返すうちに、ついに世間に愛想をつかされて、独りぼっちになる。親切な人がいて、信心をしてはどうかとすすめてくれる。一定期間、酒を断つかわりに、酒癖の悪いのを直してもらうように祈願してこいという。その通りに、神さんの前へ行って、おサイ銭をあげて、パンパンと手を叩いて、三年間、酒を断つから、酒癖を直してくださいと願をかける。その日はよい。その翌日もよい。ところが、三日もするともう寂しくて寂しくて、どうしても我慢ができない。我慢がならぬというので、一升壜《びん》を手にしたが、その時、そうだった、と思い直した。自分は神さんに願をかけたのだった。そうだ、ここは一番、神さんにお赦しを得てこなければならない――。それで、神さんの前へ行って、またパンパンと手を叩いて、三年の願を六年にのばすから、昼からだけなりと、酒をのましてほしいとおねがいする。昼から解禁ということは、午前中は禁酒だから、禁酒期間を倍にすると、このあたり、計算はきっちり立っている。が、そのうちに、午前中も辛抱しきれなくなった。また、神さんの前へ行って、こんどは、六年を十二年にしますから、もとのとおりに、朝から、酒を飲ませてもらえませんか――。これは、計算にあわない。

右は、昔の笑い話である。が、決して、昔の出来事とは限らないであろう。現に、そういう人物を見てきた。朝起きて顔を洗うと、すぐコップで冷や酒を一杯あおらないと、体が震えてものも言えない。それで朝飲んで昼飲んで、夜飲んで、飲んで飲んで飲みくたびれて死んでいった男がいた。

いや、ここは酒の話ではない。食べ物の話題であった。もう、この年齢になると、大御馳走など、とてもいただけたものではないし、いただこうにも体が受けつけないが、世間ではずいぶん、食べ物がぜいたくになっているらしい。むかし、めったに口に入らなかったものも、ごく日常的な食事になっているらしい。昔の人は、すくなくとも自分の場合でいえば、老年にさしかかるまで、野菜を食っても生きていけるというのが常識だった。げんに御飯に漬物だけでも苛酷な肉体労働に堪えることができた。御飯どころか、イモや雑穀でも生きていける時代がながくつづいた。昔、といわなくても、いまの四十代以上の人は、戦時中のあの配給の、マメカス御飯で飢えをしのいだ時代を体験してこられたはずである。それらの人がいま、いや、野菜だけでは滋養にならん、米の御飯はいかん、魚を食わねばならん、牛も豚も食わねばならぬ、と頑張っておられる。

人間の好き嫌いとは、つまり、そういうものなのである。すくなくとも、生存ということにおける最低絶対必要とは、およそ無縁にどんどん、我のほうがふくれ上がってくる。

白状するが、自分にも体験がある。若い頃といっても、三十歳になったばかりだが、日露戦争というのが始まった。それで、戦地に慰問というので、満州にわたって、戦場の兵隊さんを慰問してまわった。そのときに、出される弁当といえば、麦飯に梅干と福神漬と決まっている。毎日毎日、朝昼晩と、梅干と福神漬である。兵隊さんがみんなそうだから、われわれよそから飛び込んできたものには、鯛の焼き物というわけにはいかない。

ところが、梅干の酸っぱいのはそれほど苦にならないけれど、福神漬の甘ったるいやつは、そのうちに耐えられなくなった。はじめのうちは、福神漬だけ除いて食べていたが、しまいには、福神漬の味のしみた御飯のところも食べられなくなり、ついに、福神漬を見ただけで、むかむかするようになった。以来、戦場ではなく、平和な日本に帰ってからも、二十年ばかりは、福神漬だけは、食べられなかったものである。そういうものであろう。それは福神漬の罪ではない。断じて、福神漬そのものが、悪意をもってそうしているのでもなく、反対に、福神漬には目がなくて、毎食、欠かせないという人も、あるいはあるかも知れない。好き嫌いとは、つまり、そういうものなのである。

その好き嫌いも、人間に対するものになると、これはもう、すさまじい。あいつ気に喰わん、と思ったときには、あいつさえいなければ、という気分になり、いっそ、あいつを殺してしまえば、という気にもなりかねない。それが個人の規模なら、単なる刃傷沙汰ですまされるであろうが、国家規模になると、強力な武器の開発になり、ついには、一発で何十万人、何百万人という人間を殺してしまう核爆弾になってくる。

それもこれも、みんな「我」の主張なのであり、みんな、自分が可愛いという自我愛から出発している。

我痴というのもまた、おもしろい。

愚痴である。たとえば、棚にのっていた茶碗が、何かの拍子に落ちて破れたとする。破れた茶碗は、もはや茶碗という器物ではなく、ただの瀬戸物のカケラにしかすぎないのだが、その茶碗に思い出があったりすると容易に捨てられない。たまたまそれが、はじめて世帯をもったときの夫婦茶碗であったりしようものなら、もはや茶碗でなくなった単なるガラクタを、思い出という紙に大切に包んで、再び棚の上にのせ直したりする。茶碗にかぎらず、人間の使う器物は、人間の用にたってはじめて器物なのだけれども、その役目の終わったものにまで、まだ思い出という無用な役割をあたえる。愚痴であり、いかにも知恵のないことを、人は、えてして大事に思いたがる。

「葬式がすんで、医者話」という古《こ》諺《げん》がある。身内の人を病いでなくして、葬式を出して、お骨を拾ってから、あのとき、あの先生にかかっておけばよかったとか、あの病院に入れておけばよかったとか、こういう手当てをしてくれたら助かったかも知れない、などと、言い合う。その人は白骨になっているのに、まだ病気の頃の医者の話をする。それが愚痴というものであろう。黙っておればいいのに、黙っておれない。言っても仕方のないことを、いまさらのように言う。この愚痴は、つねに我についているから「我痴」という。

ものがすこしできると、慢心がおこる。自分ほどできるものはないであろうと思いこむ。それを我慢という。

自分のよいところばかりを考える。このことに関しては、あの人より上等、これも上等、あれも上等と、自分のすぐれた面ばかりをひっぱり出してよろこんでいる。

自分を褒めるだけならよい。自画自讃は、人畜無害であるが、その慢心の反面には、人のアラを探すという、あんまり気分のすぐれぬ心理がついてまわる。あの人に比べて、という比較のうえに、自分の優越性がうち立てられるものであるかぎり、いつも、人の評価を、ちいさくちいさくしていなければ気がすまない。決して人を褒めない。褒めたら、自分の値打ちが下がるような恐怖感さえある。これが慢心である。

平井さんという老人がいた。五、六十年も前のこと、清水寺の信徒総代をやっていてくれた。信徒総代だから、お寺のことについて、いろいろ、お手伝いしていただいたり、ときには、中心になってはたらいてもらわねばならないことがある。本坊の庭をちょっと細工しようというときも、平井さんがやって来て、陣頭指揮をしてくれることになった。

出入りの植木屋さんは、平安神宮の前にいた「植治」である。植木屋の治平さん。代々、そう呼んで、家号になっていた。世襲的なのれんの強味もあったし、腕もなかなかの人だったのであろう。だから、自然、自信家になる。それに加えて、平井さんがまた、なかなかうるさい自信家と来た。自信家と自信家の顔合わせである。

こういう場面になると、お互いにお互いのことがわかるものらしい。まるで、相撲の横綱同士の立ちあいのように双方、なかなか仕掛けない、腕を組んで、じっと庭を睨んだまま動かない。すると、自信家といっても、そこは、素人の平井さんのほうが、苛立ってくる。まず、平井さんのほうから動いてくる。先に動いたほうが負けだとわかりながら、動かずにはおれなくなる。平井さんが、職人さんに声をかけて、ここへ木を入れて、ここへ石を置いてと指図をはじめる。本職の横綱は、黙っている。本職に沈黙されると、やはりこたえるらしい。ひとしきり指図しておいてから、

「どうや治平さん」

と、うながした。玄人のハナをあかしたつもりでいる。親方はその心中が手にとるようにわかるものだから、

「なかなか、これまでやれるものではありまへん。玄人ではやれるものやない」

そうであろう——と、得意満面になるほど、平井さんも若くはない。そこは、なんか胸に一物ありそうな気配を察して、

「なんでや」

と問いかえす。すると親方、すかさず、

「玄人は、こんな山に石を膏薬みたいに張ったような芸は、とてもできまへんな」

と来た。平井さん、面目まる潰れである。なるほど、平井さんの指揮下に動かした石は、まるで土手に石をへばりつけたような塩梅である。植治の親方のいうところでは、小さな石を大きく見せようというのは、所詮、素人の考えで、玄人なら大きな石を、うんと掘り込んだ中へ

埋め込んでおいて、ちょっと頭だけ出して、土の中に大きな石があるということを見せようとする。小さな石から、大きさを感じさそうとする。それが玄人の知恵である。素人には、素人の知恵しかないどころか、その発想はまるで雲泥の差があるにもかかわらず、自分は庭作りが上手だという慢心がある。その慢心のために、大恥をかかねばならない。

　平井さんについては、話題がつきない。

　この人が、絵をやりだした。私のところへ来て、蘭と竹は、どういうふうに描くのかとたずねた。私も多少、絵のようなものを描く。描きはするが、あくまでも素人である。素人が素人にならって、いい作品ができる道理はない。が、本式に習うとなると、いきなり、蘭や竹の絵は描かしてくれないであろう。それが辛気《しんき》くさい上に、蘭や竹ぐらいなら、自分でも描けるであろうという慢心がある。大西良慶でさえ描けるものを……という思い上がりがある。ま、それはそれでよい。老人の暇潰しに、蘭や竹の絵を描いて自分で得心しているのなら、それはそれで、楽しみというものであろうと、簡単に手ほどきしてあげた。人畜無害という、こちらの判断のあやまりがあった。

　そうではなかったのである。人畜無害どころか、大いに迷惑をする人が、出てきた。

はじめのうちは、笑い話ですんだ。たとえば、知人に、大得意で、竹の絵を描いて送った。

早速、礼状が来て「見事な南天の絵をありがとう」とあった。竹が南天に化けても不思議ではないほどの作品だから、誰も本気でありがたがって、もらおうという人がいない。その辺の機微は、やはり年齢を重ねた平井さんだから、手にとるようにわかる。そこで、今度は、作品をせっせと表装しはじめた。作品的価値の薄いところは、高価な表装代で補おうという魂胆なのか、あるいはそうではなく、大家の竹といえども、一枚の紙切れに描いたものだったら誰も目にとめないが、立派な軸のなかに納まると、それらしく見えるものだと錯覚されたのかどちらかであろう。自分の絵も、表装さえすれば、まんざらではないと思ったのかも知れない。

そこで、描くつぎから表具屋に出して、表具のできる順に桐の箱に納め、ちゃんと箱書きまでして、自動車に乗って、知人や親戚をまわる。表具代つきの贈り物だから、贈られるほうも、むげにことわるわけにはいかず、表面、ありがたく頂戴しなければならない。本人には、竹の絵を描けたつもりでも、他人には、南天に見えるほどの出来だから、まさか表装だけの値打ちで、床に掛けるほどの勇気をもつ人はいないから、結局、押し入れか、蔵にしまい込まれたま、いたずらにホコリをかぶるという結果になる。右の例にあげた、破れた茶碗とどうよう、ガラクタ同然のものが、貴重な住居空間を無為に占めつづけることになる。だから、平井さんと交際のあった家には、かならずこのガラクタが一本や二本はある。

いつの頃だったか忘れたが、京都に宮さんがそろって来られたことがある。宿は、高貴な方だからというので、ホテルや旅館ではなく、志のあるお金持ちの家に振り当てた。平井老人の家にも、宮さんが来られた。平井老人、自分の絵の評価を洛陽に高からしめるのはこのときとばかりに、ある部屋の床に、竹だか蘭だか、ともかく表装だけ立派なやつを掛けておいた。宮様の目にとまれば、しめたもの、という思案だったのであろう。ところが、思惑は見事にはずれて、宮様は、何も言わずに、すうっと前を通りすぎてしまわれた。平井さん、辛抱できなくなって、

「あの――」

と声が出てしまった。声をはずみに猫が手毬にじゃれつくように、宮さんの前へ転がり出て、

「この絵は、まことに粗末なものですが、私が描きました」

と披露した。すると、宮さん、すかさず、

「それは、それは。褒めるのが遅れましたね」

宮さんも意地が悪い。高貴なかたのわりに、根性悪である。が、そういう高貴なかたでさえ、根性悪を言いたくなるような、絵の出来だったと言えなくもない。おそらく、この宮様も、竹であるか南天であるか判断に苦しむような絵を、当の画家からのわざわざの名乗りで見せつけ

られたのは、はじめての体験だったであろう。

しかし平井老人は、そんなことで懲りるような人ではない。

こんどは、大作にとり組まれた。大作といっても、要するに絵画空間を大きく拡げただけの、そういう意味での大作である。いつの間に寸法をはかっていたのか、ある日、清水寺の本坊の書院に、平井さんが真新しい襖を持ち込んできた。それが、何も描いてないものならよかったのだが、四枚にわたって、墨痕淋漓《ぼっこんりんり》たる例の南天まがいの竹の絵である。これには、さすがの私も仰天した。実際、驚天動地の出来事であった。腰を抜かさんばかりにおどろいた。

それは、そうであろう。軸ならば、ガラクタとして押し入れに放り込んでおけるが、襖となると簡単にはいかない。だいいち、とり替えの造作がたいへんであるうえに、いざ、というときに、取り替えるために、四枚の襖をいつでもとり出せる場所に待機させておかねばならない。その部屋が、私や寺内のものだけのものなら、南天まがいの竹の絵と睨めっこしているのも我慢できるが、誰が来るかも知れない。それが、つまり「いざ」というときである。

そこはそれ、方便というものであろう。一旦、ありがたく受けとって、受けとるついでに、大作にとり組んだ勇気なりと大褒めに褒めて、平井老人には、喜色満面でひきとってもらい、帰るのを見とどけるや、大急ぎで、もとの襖と取り替えるという造作を厭わぬのも、その場の親切というものであろう。そういう小細工が頭に浮かばぬでもなかった。が、平井さんは清水寺にとって、単なる親しい信者さんではないのである。信徒総代であり、総代だからお寺へ再再来てもらわねばならない立場の人であり、いや、なにかと口実をかまえて日参されても、不思議ではないのである。それを思うと、その場の小細工が今後、たいへんな負担になるであろうことを認めざるを得なかった。具体的に言えば、平井さんが来るといえば、ワッとばかりに寺内のものが四枚の襖にとりついて、南天もどきと、取り替えねばならぬ戦場のような大騒動の大儀さであり、だいいち、たった四枚の襖のために、いつ平井さんが来るかと、戦々兢々の日々を送らねばならぬことへの億劫さである。

それやこれやで、あえてその場の情を殺して、この部屋は、どんな人がお見えになるかも知れぬのだからと、正直に言い、丁重にひきとってもらった。平井老人は、大悄気《おおしょげ》に悄気、積んで来たトラックにそのまま載せて、帰って行かれた。それで忘れてしまった。こちらは忘れてしまったが、平井さんは、決してそれでもって、南天もどきの襖を京都の名刹へ納めるという努力を放棄したのではなかったという一種の執念に似たものを、いやでも見せつけられるときが来る。

太秦《うずまさ》に、広隆寺というお寺がある。例の国宝の弥勒菩薩思惟像で有名な寺院である。このお寺の婦人会の集まりに招かれて、まず書院へ通されたとき、なんとそこに、例の南天もどきの四枚が、部屋を圧倒しているではないか。

「ははあ」

と私が足をとめると、当時の住職は、難儀をかくせぬ表情で、

「寄付していただく、といわれたものですから」

と言われたものである。そこにお寺の辛さがある。寄付しようと言われたら、南天もどきであろうと蘭の化け物であろうと、断りきれないのである。さいわい私は、平井さんと歯に衣着せずにものを言いえる立場にあったが、広隆寺さんは、それほどでもなかったのであろう。

それにしても、どうであろうか。この平井老人の、言っては悪いが、けなげなまでの自己顕示である。慢心であり、自慢であり、自我愛である。軸ならわかる。東の家でことわられたら、そのまま、西の家へもって行けばいい。ところが、襖は、そうはいかない。襖は建物に合わせてつくる。したがって、清水寺の書院用につくったものが、そのまま、広隆寺にあうとはかぎらない。たぶん、襖を仕立て直さねばならぬ確率のほうが大であろう。ここまで来ると、もはや平井老人の努力を、口が曲がっても、あつかましいなどとは言えたものではあるまい。そこで、その場は、平井老人と広隆寺さんの双方が気の毒でならなくなり、清水寺用につくった寸

法のものがぴったりあった寺を探していて、それがたまたま広隆寺さんだったのか、あるいは、わざわざ広隆寺用の襖に仕立てたのか、その事実関係を問いただすのがはばかられた。

平井老人の絵といえば、もっと驚嘆すべき事実がある。その芸術が、国際的な大旅行を遂げていたのである。

ハワイへ行ったとき、ある病院の院長さんが秘蔵している絵を見てほしいと言われた。その中に、どうしてもわからないのがあるので、どういう人の筆なのか見てほしいと言う。そこで、軸をさらさらと開けてみると、なんと、平井老人の南天もどきなのである。ハワイの病院長は、表装の立派さに眩惑されたものか、あるいはその絵画の、あまりの非絵画的な出来栄えの迫力にやられたのか、よほどのものと思っておられた様子であった。

しかも、そう思わせるだけの演出がある。なんと、箱書きに麗々しく、

「贈ボストン美術館」

と、平井老人の字で大書されているのである。平井さんのボストン美術館へ贈呈するつもりだった力作が、どこでどう行き違ったのか、一旦、ボストンへ渡って、ハワイへ廻されてきたのか、それとも日本を出るときに間違ってしまったのか、ハワイの病院長の家に秘蔵されてし

まうという結果になった。すくなくとも平井さんは、本気で、世界的に高名な権威あるボストン美術館へ、かの南天もどきを寄贈しようとしたのである。それは、平井老人本人の思いつきなのか、それとも、誰か、平井さんの一途さに悪さを思いついて、そうすすめたのか、あるいは、悪さではなくても、つい追従《ついしょう》で言ってしまったことに、平井さんが大乗り気になったのか、ともかく老人は、その南天もどきが、かのボストン博物館の陳列ケースに納まって、晴れがましく展観されるものと信じて、大張り切りで描いたのであり、表装もそれ相応に大奮発したにちがいない。

まったく、無邪気なものである。この無邪気さ、大いに讃えてあげねばならぬ。平井さんの絵画についていえば、絵画の芸術性や絵としての出来そのものよりも、この無邪気さにこそ真骨頂があるといえよう。

そうして、人は、決してこの無邪気さを笑えないのである。人は「我」ゆえにそれぞれ生きかたを送っているかぎり、平井老人どうようの滑稽さを演じていることに気づかねばならない。すなわち、おれは人より、これこれの面にすぐれているという慢心であり、いささかなりとも、そういう我慢を持ちあわせているゆえに、胸を張って生きてゆけるのである。そうして、その我慢の中身というのは、かならずしも、客観的評価に裏づけられているものではないということを銘記したいのである。人が迷惑だろうが、自分の絵はどこへでも、張り出したいという自己顕示は、すなわち「我見」に勇気づけられていることにほかならない。つまり、自分だけの評価であり、自分だけの評価が確固としてあるからこそ、無邪気に振舞ってゆける。

まったく、他人事ではないのである。

智恵

人間おおむね「漸機漸智」。
近道を考えると大怪我をする。
「頓智」にはやらず、ゆっくりゆっくり。

おもしろい話を聞いた。

寺の若い者が言っていた。痛快な歌が流行っているという。なんでも、若い男が嫁さんをもらうにあたって、その相手に一方的に注文をつける歌だという。それが、なにが痛快なのかと聞きかえすと、俺より早く寝るな、俺より遅く起きてはならぬ、飯はうまく炊け、身だしなみは小綺麗にしておれ、くだらぬ世間話をおもしろがるな、余計なヤキモチを妬《や》くではない……とその要求なるものをずらずらと並べてきた。

「なんだ、そんなことか」である。これは痛快もなにも、ごく普通の要求が普通でなく、それを大痛快事と受けとるほど、当節の若い人は、だらしなくなっているのか、と思わず口にしかけて、待てよ、と思った。そういえば、かなり昔、嫁さん貰って嬉しかったが、いつも出てくるおかずはコロッケ、今日もコロッケ明日もコロッケという流行り歌があったのを思い出した。なんのことはない。これは、コロッケの裏返しなのである。

そのコロッケの裏返しのなかに「姑、小姑に上手につかえよ」という一項もあるらしい。これは奇特なことである。

最近、若い夫婦は、配偶者の両親との同居を好まぬらしい。核家族とやらで、若い夫婦は最初から別居と決めてかかるのが普通であって、したがって「姑、小姑」という言葉もなかば死語と化しつつあるという。そういう時代に「姑、小姑に上手につかえよ」という流行り歌が世人に好まれているということは、やはり一大痛快事なのかも知れない。

むかし、若い嫁さんは、夫の両親のもとに入り、夫の両親につかえ、老後の面倒を見、めでたく大往生をさせた頃に、自分の伜《せがれ》が嫁さんをもらって、今度は、自分らがつかえてもらう番がまわってくるというのが普通であった。そうやって順送りに、老人は家庭で生涯をまっとうできることになっていた。いま、そのつながりが切れ、若夫婦は若夫婦、老夫婦は老夫婦と別別に世帯をもち、老夫婦の片一方が欠けると、家族のかわりに国に面倒を見てもらわねばならない老人も出てきた。私とこ（清水寺）で老人ホームの同和園というのを大正の中頃からずっとやっているので、このあたりの老人の移りかわりは、手にとるようにわかる。

若い人たちの言い分もわからぬではない。いまの老人、あるいは息子に嫁をとろうという世代は、戦前に足を踏んばっている。戦前の家制度の牢固たるアタマから抜け切れない。自然、戦後に生まれた若い人と「家」に対するものの考えかたが、基本的にちがってくる。たとえにさしさわりがあるかも知れないが、門徒宗のありがた屋と、法華の信者で一つ家を構成せよというような注文なのであろう。

私にも、おぼえがある。私の親父は天保年間（一八三〇〜四三）の生まれだった。私たち兄弟は、明治生まれである。この間に、明治維新、文明開化という日本史上未曾有の世の変転を体験している。とても、いまの戦前・戦後の隔絶の比ではなかったであろう。親父には、江戸時代のものの考えかたが、頭に残っている。私たち兄弟は、開化思想に影響されている。意見が合わないから、衝突することがしばしばである。こんなとき、不思議なもので、普段は喧嘩ばかりしている兄弟がかならず団結する。

「だから天保人間は困る」

と猛烈に抗議する。親父は天保人間で、自分たちは明治人間で、明治思考が正しくて、天保思考は旧弊というきめつけがある。残念ながら親父には、明治思考についていけない部分があり、天保人間は頑《かたく》なであると言われれば、時代がすでに明治になっているのだから、沈黙してしまうほかはない。私たち兄弟が団結すると、たいていの場合、親父はひきさがるよりほかはなかったのである。

いまも、そうなのであろう。戦前の「家」制度のなかで育った親の世代には、現実に家制度がなくなっているにもかかわらず、新しい感覚についていけない。やっぱり本音のところを押せば、嫁は夫の両親に殊勝につかえるものであるという気分から抜け切れない。しかし、現実に時代が変わってしまっているのだから、若い世代に団結されると、やはり天保人間だった私の親父のように、沈黙してしまうよりほかはないであろう。

それはそれでよい。家に対する思考は、情勢が変わってしまったのだから、親のほうから折れると、それで妥協できる。が、我慢がならないのは、日常のちまちました事柄である。

たとえば、戦前世代は、物の不自由ななかをくぐり抜けているから、なにかと物を大切にする。料理した材料の余り物は、ほかに用立てようと、大事にしまっておく。それを若い人は、パッと捨てる。そういうつまらぬ余り物ばかりで冷蔵庫がいっぱいになり、ほかのものを腐らせてしまうから、かえってもったいない、とこちらのほうが合理的である。

年寄りは、大根や菜っ葉が、かの大臭気を発する人糞の肥料をたっぷりふりかけられたなかで育った習慣から抜けきれないから、家人が蛆虫でもわかしたらいかんと、念を入れて洗うが、若い人は、金肥（化学肥料）世代だから、液体のシャボンを溶かしたなかにサッとつければ、それですむ。だいいち、いまどき蛆虫なんて、お目にかかりたくても居なくなった。農薬が退治してしまって、薬屋に「虫まくり」もなくなったし、虫まくりを煎じる土瓶さえ、家庭から姿を消した。だから、若い人は頓着ない。人糞のかわりに金肥どころか、土さえつかわず、オガクズの中で栽培されたようなものは、包みのセロハンをひっぱがして、そのまま鍋に入れる。それよりなにより、食べ物の趣向が違う。年寄りは煮染などがありがたいが、若い人はなんでもかんでも、フライパンに油を敷いて、ジャーッといためてしまう。

右は、年寄りの言い分を採用させてもらっている。若い人と衝突して、施設や独り暮らしの老人は、たいてい右の事柄と大同小異の理由を並べたて、

「だから家を出たのです」

と言う。いまは、年寄りが家を出る。むかし「家風」に合わない嫁は、夫の親の権限で追い出された。「家風」といえば、言葉は堂々としているが、なにもそれほど立派なキマリがある

わけではなく、要するに右の如き、大根の切り方とか、菜っ葉の洗いかたとか、そういった瑣末な事柄であった。いま、その「家風」の決定権を嫁さんが握っている。だから、年寄りが追い出される。

そういう時代だから「姑、小姑に上手につかえよ」というような流行り歌が若い人にもてはやされるのは、やはり驚天動地の出来事なのかも知れない。

たしかに、むかしの嫁さんは苦労した。

「家風」をたてに、いつ追い出されはしないかと、戦々兢々の日常を積み重ねて、主婦の座をきずいていった。概して、姑といえば意地悪婆さんという印象がつよく、事実、むかし姑から受けた意地悪を、こんどは嫁に仕返してやるのだと、大張り切りに張り切っておられる手合いもすくなくなかったようである。年寄りの面倒見も順送りのかわりに、嫁いじめも順送りだったといえる。

だから嫁さんといえば、泣きの涙の生活という相場がきまっていた。嫁さんは泣きながら、日一日とかしこくなり、知恵をみがき、偉くなっていった。なるほど、泣きながら、今度自分が姑になったら……と、江戸の仇を長崎で式にひそかに腕撫《うでぶ》す御婦人がたが多かったのも事実であろうが、なかには、もまれればもまれるほど、人柄の立派になっていかれる方も、ないではなかった。

明治時代に税所敦子《さいしょあつこ》さんという方がいた。

清水寺の観音さんの熱心な信者であった。「母の十恩」という題で、お寺に歌をあげておられた。よく出来た人であった。鹿児島から出て来ていた旦那さんと結婚して税所姓になったのだが、その旦那さんに死に別れ、旦那さんとのあいだに儲けた子供にも先立たれ、鹿児島の旦那さんの実家へ帰った。

鹿児島にお母さん（姑）が独りでいた。税所家は、薩摩藩の家臣で、一昔前の士《さむらい》の奥さんだったから、近所でも評判の気位の高い人だった。気位が高いだけでなく、相当な根性悪だったらしい。そういう人のところへ、京都で世帯をもっていた息子の嫁が、後家さんになって帰ってきたものだから、たまったものではない。腕白小僧の足許に、蛙が飛び込んできたような塩梅だったと想像してもよかろう。毎日毎日、あの手この手をつくして、敦子さんをいじめにかかる。敦子さんは泣きながら、お姑さんが機嫌を損ぜぬよう、背かぬようにつとめていた。

ある日、お姑さんが敦子さんを呼んで、眼のまえで短冊にさらさらと歌を書いた。そうして、あなたは歌人だということだから、これを歌にしてほしいと言って、短冊を手渡した。なんと

それは下の句だけで、

「鬼婆なりと人はいうらん」

と結んであるではないか。それに上の句をつけねばならない。さすがの敦子さんも、それを見て顔色をかえた。「鬼婆」とはほかでもない。姑さん自身を指している。姑さんを指して、鬼婆という結論を下し、それにもって、上の句でいかなる理由で鬼婆なのであるかを詠めと言うのである。嫁いじめもここまでくると、知能犯もいいところであろう。しかし、敦子さんは大した人だった。すこしもあわてず、その短冊に上の句をつけた。

「仏にも似たる心と知らずして」

と書いた。仏にも似たる心と知らずして、鬼婆なりと人はいうらん——ひっくり返してしまったのである。鬼婆が、じつは仏だったのだと、そういう意思表示になった。さすがのお姑さんも、これには泣いた。泣きながら、

「済まなかった、済まなかった、堪忍しておくれ」

と詫びた。鬼の角が一ぺんに折れてしまった。

それは、ほかでもない。敦子さんの心の美しさである。たぶん敦子さんは、心にもないことを歌にしたのではなかったであろう。即座に、そういう大嘘がつけるような人だったら、これ

ほどの大悪人はいないであろうし、もし敦子さんがそれほどの大悪人なら、いつかは、化けの皮がはがれ、その輝ける「後日」はなかったはずである。

たぶん、敦子さんは、なかば本心をのぞかせたにちがいない。なかば、というのはこうである。敦子さんは、姑さんからいじめられても、それこそ鬼婆とつきあっているような日常でも、半分は、「あるいは……」という心根があったのではないか。あるいはあの人は、いまでこそ鬼のようにきつく振舞ってはいるが、本当は、仏のようなやさしい人なのではなかったか。それが、杖とも柱ともたのむ息子に死なれ、そのうえ孫まで失って、その訴えていきどころのない悲しみが、こうまでむごく自分に当たっているのではあるまいか……。そういういたわりの心がなければ、耐えられたものではなかったのである。

敦子さんといえども人間だから、辛く当たられると、鬼かとも思う。が、その心の半分で、あるいは、という気持ちがあったにちがいない。いや、そうだったのであろう。

以来、姑さんは、すっかり人変わりして、敦子さんの本当のお母さんみたいになって、それからは敦子さん、敦子さんでなければ夜も日も明けぬようになった。そうして最期は、敦子さんの腕の上に首をのせて、息をひきとったという。

まさに敦子さんは、仏様の仕事をした。歌一つで、鬼の人を人間世界にひきもどした。繰り返すが、仏の仕事であり、敦子さんに仏様のような心根がなければ、できたことではなかったのである。

　これが、生きる知恵というものである。いい知恵は、菩薩や仏のはたらきにもなる。敦子さんのように、姑さんを畜生道から救い上げることができた。ところが、悪い知恵はいけない。ぞくに悪知恵という。これは逆に、幸福な人間を地獄につき落とす。人間と生まれたからには、いい知恵をみがきたいものである。

　敦子さんの後日について触れておかねばならない。高崎正風という歌人がいた。薩摩の人で、明治天皇のお歌のお相手をつとめていた。その歌の関係から、敦子さんのことが、お天子さんの耳に入った。お天子さんは、そういう婦人こそ仕えてもらいたいということで、宮内庁に上がり、御用係になり、ついに正四位をさずけられた。田舎の御家さんがそこまでなった。

　それもこれも、知恵のたまものである。菩薩のような、知恵のおかげである。

　知恵というと、一休さんを思い出す。

　一休宗純《そうじゅん》。室町時代のすぐれた禅僧である。後小松天皇の皇子だったといわれ、だから薪《たきぎ》の一休寺（京都府・酬恩庵）にある一休さんのお墓は、皇族としての待遇をうけている。が、そういう歴史的事実より、一般には「頓知《とんち》の一休さん」で古くから親しまれてきた。これは、江戸時代にまとめられた『一休咄《ばなし》』に負うところが大きく、どこまでが事実で、どこからが作り話か、とにかく知恵縦横の禅師の機智ぶりを、そのようにあらわしたものであろう。

ところで、この「頓知」という言葉、仏教から出ている。

仏教では、仏さんや菩薩さんの悟りの世界に到達するのに、頓行と漸行《ぜんぎょう》に分ける。すなわち、すぐさま、ただちに悟りにつながる「頓」の行と、ゆっくり一段ずつのぼってゆく「漸行」である。こういえば、誰でも、ただちに「頓」をえらぼうとするであろう。とりわけ、世が性急になったいま、われもわれもと「頓」につきたがる。しかし、誰でも、ただちに道をえらべるかというと、どっこいそうは参らない。

人間には、それぞれ器量というものがある。その器量も、頓の器量と漸の器量に分かれる。それを「頓機」「漸機」という。漸機のものが、いくら頓機の真似をしても、怪我するに決まっている。

仏教の修行だけではない。商売でもそうである。田舎で田圃を耕しながら、大阪に出て商売で大儲けをしたという人の噂話を聞くと、羨ましくてならない。一丁、俺も……というわけで、田圃や山林を売り払って大阪へ出てくる。手っとり早く大儲けしようと思ったら相場である。

初めの頃は、ぼつぼつ儲けさせてくれる。田圃や山をお金にかえた元手が、すこしずつ増えていく。すると、俺も満更ではないな、という気分になる。このあたりが岐れ道であろう。漸機のものが頓機だと重大な思い違いをおこす。気が太くなって、あるだけ出して、パッと一財産を築こうと思ったら、一財産どころか、有り金全部、持っていかれる。だから、相場で、財を成したという人を、あまり知らない。

　私の記憶で、いちばん偉いと思った相場師は、大阪の公会堂を建てた人だった。この人、和歌山から出てきて、大阪で相場やって、たいへんなお金を儲けた。大阪の相場師仲間では、神様みたいに思われている人だった。それが、ただ儲けて自分の身上をふとらせただけでは芸がないというので、おおやけのことに何か一寄進しようと発心した。ちょうどその頃、大阪には公会堂がない。市民が集まって、高い文化をたのしむ場所がほしいという話を聞いた。それならば、私がやりましょうというので、一般の人間が聞いたら目を剝くようなお金を出して、日本一の公会堂の建築にとりかかった。ところが、その建物が完成しないうちに、この相場師は大損した。大損して、二進《にっち》も三進《さっち》も行かなくなって、鉄砲撃って自殺した。結局、公会堂だけが残った。

　そういうものらしい。相場というのは、それほどむつかしい。頓行というのは、行きつくのも早いかわりに、やり損うとただちに、どうにもならないところへ持って行かれる。相場の神様と言われた人でも、晴れの公会堂の完成を見ずに、骨になってしまった。

人間、知恵もないのに、頓行を狙うてはいけない。

漸機の人は、ぼつぼつやるがいい。ぼつぼつやって行けば、その仕事は、三百年も四百年も続く。京都の商人がそうである。京都は商法における漸行のお手本みたいなものであろう。漸行だから、代々、べつに大儲けをたくらむでもなく、饅頭屋でもソバ屋でも天保年間の開業とか、もっと古いお店がある。町を歩けば、ザラにある。

これに対して、だいたい大阪の商法は、もっぱら頓行の気風に適《あ》っているようである。だから大阪には、三百年のソバ屋や四百年の饅頭屋というのは、そうたくさんあるわけではない。大阪の商人というのは、地の人ではなく、よそからやって来た人が多い。有名なのは滋賀県であろう。「近江商人」である。江州の人は、京都人のように鴨川のせせらぎを聞きながらヘソの緒を切ってもらったというような、せせこましい環境ではなく、日本一の琵琶湖を見ながら大きくなったから、なかなか肝がふとい。肝太く、大きな商売に手を出し、成功した人もすくなくない。天秤棒一本から天下第一の大金持ちになる。いまの有名な商社など、多くはこの手合いである。

そのかわり、大儲けは大損という結末とつねに表裏をなしている。昨日まで、戸を開けて威勢よく商売をしていたのに、今日はもう戸が開かないということがある。客が来て、店の人、どうしたのであろうと言うているところへ、隣の人が出て来て、ゆうべ夜逃げをしました、と平気な顔で告げる。同じ頓行の仲間同士だから、アハハハと笑ってすむ。

　商社といえば、いま話題の飛行機の輸入をめぐる事件など、その端的な例であろう。頓行だから、黒いお金を出すのも、何億円とかなり荒っぽい。荒っぽくつかって、荒っぽく儲ける。その悪事が、天下白日にさらされて、世間の大非難を浴びても、ご当人は覚悟の上。夜逃げしてアハハと言う、その感覚のなかで蛙の面に水である。

　頓機、漸機は、とりもなおさず「頓知」「漸知」である。

　一休さんの「頓知」とは、すなわち、そういうものであった。いま、頓知といえば、機転が利くといった程度の理解が行き渡っている。あるいは、あやまって、冗談話の上手な人を、頓知の利く人だ、などという。が、本来、そういうものではなく、知恵の在りようを指しているという道理は、右でわかっていただけたと思う。

『一休咄』に出てくる話だが、一休という知恵者の小僧さんの噂を聞きつけた殿さんが、いっぺんその知恵を見せてもらおうと思い、一休さんを招いた。たいていこういう場合は、無理難題を吹っかけるものとスジが決まっているが、この話の中の殿様もそのとおりにやった。

殿さんの坐っている上段の間の襖に、立派な虎の絵が描かれている。それを振りかえって、この虎を捕えて縛ってくれ、と言う。そんな馬鹿なことができるものか、と言うのは漸機の者の抱く感想で、頓機の人は、そんな当然至極なことは言わない。即座に、承知しましたと言う。一休さんは、そう返事をした。そうして、控えている家来の人に、大きな縄を一本、持ってきてくれ、と頼んだ。さあ、今度は殿様がびっくりした。こ奴、本気でこの襖に描いた絵の虎を捕えるつもりなのか、いったい、どういう妖術をつかうのかと、いぶかりながら縄を渡すと、一休さんは立ち上がり、

「さあ殿さん、そっちから虎を追い出してください」

とやった。よく出来た話である。漸機のものは、常識というものがまず念頭にあって、不可能であろうと話をおちつけてしまう。それを頓機の人は、可能ならば、という結論を出し「追い出してくれ」と言いかえす。漸機のものは、そう言われてやっと気づく。

まず、人間の世界を見渡したところ、漸のものばかりと見てとっていいだろう。なるほど、頓機の人も居るには居るものだと、感心して見まがうこともあるいはある。たとえば、もめごとが起きて悩んでいたとき、いっぺん弁護士さんに相談に行ってみようと思い立ち、そうする

と先方は、たちどころに問題を解決してくれる。これは大したものだと感心してしまうが、弁護士さんは、そういう場面の専門家だからできるのであって、ズブの素人が頓知をはたらかせたのでもなんでもない。

そういう判断を即座に下すようになるまで、いい大学へいくために幼年期から勉強して、大学でけんめいに法律を学んで、それから弁護士の国家試験を受けるためにさらに猛勉強して、やっと資格をもつ。資格をとってもすぐには世間様のお役に立つというものではなく、それからまた暫くは、イソベンと称する偉い先生のもとでの、いわばタダばたらきの苦労があって、やっと一人前になれるという。この間の時間的距離を考えれば、頓行どころか、やはり漸行であろう。

したがって、人様のことはさておき、自分はまず「漸行」であると思っておれば間違いはない。大怪我をしないですむ。

まえに上げた税所敦子さんの話題で、「鬼婆なりと人はいうらん」という下の句をつきつけられたとき、即座に「仏にも似たる心と知らずして」と上の句をつけたことについて、すこしくどいほど敦子さんの心中を忖度《そんたく》した。普段から、あるいは本来お姑さんは、仏さんのような人ではないか、と自問していたのが、そのまま文字になったのではないか、と推量した。

その理由は、もうわかっていただけたと思う。税所敦子さんもまた、「頓」の人ではなく、「漸」の人だったであろうからである。漸の人であり、漸であるという自覚がしっかりしていたから、普段から知恵をみがき、みがくだけでなく、つねに仏さんや菩薩さんのような高い心をもつように心がけておられたにちがいない。それが、自分も救い、お母さんも救った。

漸の人は、人生のあらゆる場面場面で、自分をみがくよりほかないのである。

ついでながら、一休さんの「一休」という命名の由来について触れておく。

一休というのは、「有漏智《うろち》より無漏智《むろち》に帰る一休み」というところからきた。

有漏智というのは、この世の人間の世界の知恵分別をいう。人間の分別の世界には、感情が入っているから、それが漏れておちてきて、有漏智になる。たとえば、人がいいとか悪いという判断に、好き嫌いという感情がまじる。いい人だという時には、好きな人という気分が、ほんのちょっとでもまじっている。そうして、あの人はちょっとむつかしい人だから具合いよくしておかねばならないという細工がはたらく。

細工は所詮、嘘の世界である。上手に嘘つく奴が、上手に世渡りする。下手な人は、あれは変人だと言われる。本人は変人のつもりではない。まっすぐ世渡りしているつもりなのに、変人になる。これが、有漏智である。人間対人間だけではない。集団対集団、国家対国家、すべて有漏智の世界だから、適当に嘘をまじえてゆかねばならない。

そういう感情をすっかり離れてしまった知恵が、ほんとうの知恵で、これを無漏智という。無漏智とは、仏さんや菩薩さんの知恵である。赤ン坊を仏さんのように純粋なというのは、この辺の機微である。赤ン坊には、好き嫌いがまだない。したがって、世辞も追従も、これの高じた嘘もない。

人間、智恵を磨いて磨いて、赤ン坊のような無垢な心境に立ちもどるのが理想である。

老病死

年をとったらすべてが難儀。
難儀をかかえて生きている。
せめて口だけでも、達者に達者に。

古川大航さん（昭和四十三年遷化）という仏教界の大長老がおられた。臨済禅を代表する妙心寺派の管長として天寿を全うされた。九十八歳だった。

京都では、この人の次が自分だったので、訃報に接したとき、なにやら急に気ぜわしくなったと思ったものだが、ありがたいことにそれから十数年も息災に生かしてもらっている。それでも妙なもので、大航老師が建在なころには、まだ上がおられるわいと暢気に構えておられたものだが、いまはもう、順番が廻ってきているから、やっぱり日々、気ぜわしい。

それはともかく、大航老師の老いっぷりは見事だった。なにが見事といっても、この人に関するかぎり、老人呆《ぼ》けという言葉と無縁に、最後まで生き抜いてこられたことであろう。九十八歳になって、なお、しっかりしておられた。死の床につく直前まで、意識がはっきりしていた。なんでも、入院する前の晩まで、周囲のかたにいろいろ注意をしておられたという。

一つには、僧侶という仕事がよかった。僧侶には、定年というものがない。呆《ぼ》けさえしなければ、九十歳でも百歳でも、じゅうぶん現役としてやっていける。こういっては、自分をひきあいに出しているようでいささか気がひけるが、僧侶という仕事は、年を食えば食うほど、それなりの味が出てくる。また、世間さまも、それを買ってくれる。気鋭ざかりの若い僧侶は、なるほど言うことは勇ましいが、要するに勇ましいだけのことであって、とかく圭角《かど》が立ちやすい。その圭角が、年とともにとれてくる。いや角を削ぎとるのではなくて、ちょうど樹木のように、固い芯を年輪がまるくまるく包み重ねていくのであろう。僧侶という仕事柄、世のいろいろな難儀と立ち向かっておられる人と応対するのには、ちょうど、この塩梅がよい。逆にいえば、この塩梅の僧侶がすくなくて、この塩梅になるのを待ちきれずに、それこそ順不同で逝ってしまわれる人が多いので、人材難をかこつ結果になっている。僧侶は、僧侶としての仕事をより充実させるためにも、せいぜい長生きしてもらわねばならぬ。

ところが、世間では、そうはいかない。一にも二にも仕事、仕事で、会社のため職場のために、家庭を犠牲にしてまで尽くしても、その会社や団体が面倒を見てくれるのは、せいぜい三十四、五年。あとは、御用済みの使い捨て時代である。運よく再就職ができても、おおかたは、それまでの三十数年にわたる蓄積は、あたまから無視されて、俸給は、そのへんの使い走りの新入社員なみで、いいところだという。会社や団体に属せず、腕一本で叩き上げてきた職人さんでも、一定の年齢に達すると、日傭賃《ひやといちん》は当然のことのように切り下げられるそうな。

それでも働けるあいだはよい。働けなくなったら、もうすることがなく、することがないだけでなく、周囲から、することを奪《と》りあげてしまう。周囲の人たちは、大いに老人をいたわっているつもりかも知れないが、老若にかかわらず、無為ほど人間をダメにするものはない。とりわけ老人にとっては、もうあんたは世の中のことわからないのだから、ひっ込んでいてください。家のことはなにもできないのだから、出しゃばらんといてもらいましょう。とやられると、本人はそのつもりではなくても、いつの間にやら呆けてしまう。周囲が呆けさすのである。ご本人がいい気になって、よかろうよかろうというわけで、隠居さん暮らしにどっぷり身をつけてしまうのも悪いが、周囲はなお悪い。

その点、大航老師は偉かった。あのお年で、亡くなられる直前まで意識がしっかりしておられた。

大航老師にかぎらず、禅宗の人は、死に様《ざま》をたいせつにする伝統がある。いうまでもない。死に様をたいせつにするということは、生き様をたいせつにしているのであり、漫才の笑い話ではないが、死ぬまで生きるという覚悟が、しゃんと一本通っていなければ、できない業なのである。実際、死ぬまで生きるというのは、笑い話ではない。生きるといったって、ただ呼吸をしているから生きているあかしになり、脈を打っているから生きておると判断される、そういう生きるではない。人間としての自覚をうしなわぬ範囲で、人間はほんとうに生きている、といえるのであり、それを死ぬ直前まで持続させることは、容易ではない。

天竜寺の関精拙老師（昭和二十一年遷化）は、そういう点で、まことに天晴《あっぱ》れであった。その日、弟子を呼んで、坐りなおし、ここをこう支えておいてくれといって、坐禅に入られた。そうしてわし（関）が頭をくっとこうやったらおしまいであるから、その時を見とどけるように命じて、やがて、そのとおりに大往生を遂げられた。できないことである。

道元禅師は、「生を明らめ、死を明らむるは仏家一大事の因縁なり」と言っておられる。が、なかなかこの注文がむつかしい。人間、誰にでもできて、誰にもわからないのが「死」であろう。生まれたかぎり、死ぬ事は、誰でもわかっている。けれども、いつ、そ奴がやってくるか、本人さえわからない。まして、他人には、なおさらわかったものではない。この場合、他人とは、死を看とってもらうお医者さんも含んでいる。お医者さんはえこひいきがないから、学問のとおりに診断される。だいたい、余命は何か月、あるいは何日と、身内の人に告げられることがある。が、その通りにはいかない。診断の日より、ずっと早く、誰も知らぬあいだに息をひきとっていくこともあれば、お医者さんも首をかしげるほど、しぶとく生きておられる例もある。医学の側からいえば、それでいいのである。だいたい、医師に、その診断どおりに、ぴたっと死んでもらわねばならない、というきまりをおしつけるなら、ちょうどその時期に、注射でも打つよりほかはなかろう。

そこに、道元禅師のいわれる「因縁」のむつかしさがある。

いい例が、相撲とりであろう。まんなかに行司をはさんで、力士は、取ろう取ろうと手をついている。だが、いざ立とうと思っても、なかなか立てたものではない。見物人が見ると、なにを愚図愚図しているのかと気をもむが、当人同士は、双方の呼吸がぴったりと合わないことには、立つ訳にはいかない。これが「因縁」である。いっぽうは、気合いが乗ってきて、機が熟している。いつでも立とうと、全身に血をみなぎらせていても、いっぽうが、熟してこなかったら、待つよりほかはない。相手のある仕事はすべからくこうで、因縁の熟さないかぎりことは成就しない。死ぬのもそうで、息をひきとるための因縁が熟さぬかぎり、簡単にあの世へ往《い》ってしまうわけにはいかん。病床で苦しんで苦しんで、看病しているものは、もうこれぐらいで、勘忍してやってほしい、安楽にさしてやりたいと思ってもそうはいかないし、すこしは楽になった様子なのでこの調子なら、もうちょっと保《も》ってくれるかも知れん、あるいは、保ち直すことだってあり得るかも知れんと淡い期待さえ抱きかけたとき、忽然と息をひきとることもある。

そういう、生き死にの切羽つまった時まで、しっかり人間として自覚をもって、自分を見つめている人は、偉いと思う。因縁の熟して、大往生を遂げるまで、自分を保っておられるのは、立派というほかはない。だが、現実には、そういう人は何千人に一人、あるいは何万人に一人かも知れず、あとはたいてい、知らぬあいだに夢中で死んでしまわれる。

とはいっても、年をとって、自分の生命が終息を告げる因縁を見つめている日々が愉快かというと、決してそうではない。やっぱりさみしくなってくる。だから、なるべく死ぬ話をせぬよう、聞かないようにしようと、そういうふうになってくる。これは年寄りの癖であろう。

しかし、気分として、いくら死の問題から逃避していたところで、死という現実のほうから、その気分とひきかえに、逃避してくれるかというと、そんなことはない。そんなことはない、というきわめて当然の道理が、逆に老人を居直らす。死という現実が、なんとしても超えがたいという実感とつねに対面させられているだけに、仏教でいう「生死《しょうじ》」の苦からの解放ということが、比較的すんなり、胸の中に入ってくる。

むしろ、死の問題から逃避しているといえば、若い人のほうにいえるであろう。若いから、達者だから、まだまだ死なないと思っている。このまだまだが曲者で、要するに、まだまだという曖昧模糊たる時間的距離感と隠れん坊をしているのであって、これをかりに、あと何年という具体的な数字に置き替えてみるとどうであろうか。とても、せわしなくて、ゆっくり生きておられたものではない。しかも現実は、あと何年どころではないというのである。老少不定《ろうしょうふじょう》という。かならずしも年寄りが先に死んで、若い人があとに残されるとは限らず、その逆だってあり得るということを、日常いやというほど見せつけられているではないか。蓮如さんの言われたように「明日とも知れず今日とも知れぬ」状況は、やはり、まだまだという隠れん坊のせいであろう。

生死の問題にかかわらず、仏教でいう「苦」は、すべて煩悩から生じると説く。みんな、煩悩ゆえに悩み苦しんでいる。だから、この煩悩から離れると、苦はすべからく解決する。死についていえば、死んだと思ったら、一切がすっきりと納得できる。わかりやすくいえば、自分が厳然としてここに生きていると気張るから、あいつ、おれのものを持って行きよったと腹が立つ。黙ってとっていったと、癇癪《かんしゃく》にさわる。あいつ、けしからんと、血が逆流する。けれども、自分は死んでいると思ったら、もはや所有という関係は成立しないから、コラコラという訳にはいかん。だから、死んだとさえ思えば、一切のものが流れてしまう。

実際には、こうやって元気にしゃんしゃんしているのだけれども、死んだとさえ思えば、煩悩から離れることができる。生死のなかに仏あれば生死なしという道元禅師のお言葉は、このへんのところを言っておられるのであろう。

それでいて、やっぱり病気はこわい。もうこの歳になって、病気になったら、治るなどということは考えられない。病いにかかったそのときが、もう向こうを向いてしまったのと同然なのだから、要心に要心を重ねる。その要心も、度が過ぎると、気が変になる。

最近は、なるたけ出ないようにしている。こんな年寄りでも、話が聞きたいという奇特なかたには、御足労でも足を運んでもらうことにしている。が、二、三年前までは、かなり遠くへも出かけた。

たとえば、富山県へ、一夏に二度も行ったことがある。京都と富山といえば、汽車でもかなりの時間を必要とする。ところが、この道中に、病いにかかりはせぬかと、取り越し苦労が始まる。汽車がこの清水寺から先方までまっすぐに行ってくれれば世話はないが、その間、乗ったり降りたりが、幾度かある。それも、時間が切迫していて、五十秒のあいだに降りるというような、芸当ができるかどうか、はなはだ覚束ない。それに、汽車の中で、目をむくような事態が出来《しゅったい》したら、車掌が出てきて、こいつはあかんという訳で、次の駅で放り出してもらわねばならない。すると、放り出されたほうの駅長やら駅員さんらが、それ病院、それ電話と大騒ぎになる。

それやこれやで、汽車は危ないというので、汽車を止めにしていた。汽車は危なくないのだが、こちらが危ないので止めにした。どうせ、うち（清水寺）から、誰かついていってもらわねばならぬのだからというので車で行った。車だったら、道中で目をむいても、そのまま連れて帰ったらいいのだから、病院へ入れる世話もいらないし、先方に迷惑をかけることもないというので、車で二度も往復した。

すると、隣の滑川からも、写経塔ができたので来てくれという。それは前から聞いていたのだが、その場でことわらなくても、間際になればなんとか口実がつけられるであろう、というわけで、行ければ行きますとごまかしておいた報いがやってきた。切迫しているので、やっぱり本音を吐かねばならぬことになる。

京都に周山というたいへんな田舎がある。田舎といっても、府下だから、車なら一時間ほどの距離である。その周山のお寺から法話に来てくれという依頼があった。朝九時から始めてほしいという。そのために六時に迎えに行くという。これはちょっと辛度《しんど》い。七時にしてもらえまいかというと、それでも間にあいますな、という応答になる。七時に出て九時から一時間の法話で、十時にすむと午前中に帰ってこれるであろうと、つい、ひきうけてしまう。

そのときはいい。が、いよいよ明日行かねばならぬという時になると、心配性が頭をもたげてくる。話しに聞くと、周山というところは、ぐるぐる目の廻るような道を通って行かねばならぬという。そんなところへなかなか行けるものではないと、誰かがおどかしていたのを思い出す。すると、寝られない。寝られなかったら、小用にばかり立つ。帰ってきてまたしばらくしていると、また行きたくなる。先方はお寺だから、九時からといっても、法話のまえに長いお経を読むであろう。その間、質にとられたような顔をして、坐っていなければならないのだったら、困った事になる。どうせ、田舎のことだから、長いお経にちがいない。いや、それに決まっている――。

それやこれやで心配になって、寝ようにも寝られない。揚句の果て、電話でお寺の人を起こして、十二時に迎えの車を周山まで寄越してもらうように頼む。つまり、何がなんでも十二時には断固、帰途につかねばならぬという状況をつくっておいたら、長いお経も短くならざるを得ないであろうという、まことにけちくさい気休めなのだが、それで安心してやっと眠りにつける。

ところが、翌朝、迎えの車に乗ったら、道が悪いどころか目も廻さずに一時間でしゅっと行けた。ゆっくり一服していたら、予定の九時になり、お経が始まるのかと思うと、いきなり話をせよという。うまいうまい。一時間あまり話をして、控えの部屋に帰って、何時かと聞くと十時十五分だという。万事、うまく行きすぎて、今度はなまじっか取り越し苦労のためにうちに頼んでおいた迎えの車が十二時に来るのを待たねばならぬ。先方の車で送ってもらったら行き違うから、十二時まで我慢しなければならない。まったく、やれやれである。

こういう、若い人から見たら、馬鹿馬鹿しくなるような徒労を重ねねばならないのも、要するに病気がこわいからであり、病気につながる死をいつも気にしているせいにほかならぬ。この年になれば、死ぬのは当り前であり、病気の縁で死ぬか、道中でひっくり返って目をむいて死ぬか、因縁が違うだけで、死という結果を目の前にしている事実には変わりはない。理屈ではよくわかっている。にもかかわらず、気にするな、といわれても気になる。困ったことである。

それでなくても、八十、九十と年を重ねるにつれて難儀というものもまた重なってくる。結局、人間というものは、オギャーと生まれたときから、一秒一秒、年寄りに向かって歩いて行く。その順序として、一遍、峠まで登る。二十五歳が、絶頂だという。体のできる頂点が二十五で、それからしばらく横ばい状態になって、四十ぐらいで気がつくと下り坂にさしかかっている。そうして、八十、九十になると、生きていることそのものが難儀になる。

なにが難儀かといっても、若い時分だったら、いくら頂戴しても、一晩寝るとすっかり空腹になっている。いただいたものが全部、滋養になって体のなかにまわっている。ところが、ある程度の年齢になると、そうはいかない。だから、御馳走を並べられると、もう困惑してしまう。こういう御馳走を、心ゆくまで味わわしてもらえるということに、いちおうの幸福感は抱く。が、口にする段になると、もう難儀がくっつく。こんなに食べてもいいのだろうか、こんな珍しいもの、体にさわりはしないかと、考え込んでしまう。というのは、普段いただいている、口に習慣のついているものは、おなかもまた習慣で、どこかへ持っていってくれる。ところが、びっくりするほど珍しいものは、口が珍しがる。もっといこう、もっといこう、と催促する。けれども、胃袋や腹の中まで、同じように珍しがってはくれない。こんなものおし込んできて、どうにもならないとぶつぶつ小言を言い始める。

食べ物だけではない。重い物もったら腰が痛い。普段の運動量を超えるほど歩くと、足が痛む。難儀である。その間に病気が出てくる。そこで、お医者さんが出て来たり、いろんな手当てをやってくれるが、やり損なうと、ものを言わんようになる。

この項の冒頭にとりあげた古川大航老師は、具合が悪くなったとき、あいにく、普段かかっていなかったお医者さんに診てもらった。普段から、おつきあいがないから、大航老師の体の研究ができていない。そこで、一般人間と同じように診立てるほかはない。お医者さんは一般例に照らしあわせて、注射が一番、と判断したのであろう。その通りに注射をしたら、注射が利き過ぎたのかどうか、ものを言わんようになった。あわてて大学病院へかつぎ込んだが、とうとう醒めないままに息をひきとられた。

なんでも、近代医学の薬品というのは、本来、毒物であるらしい。文字どおり毒でもって毒を制すである。だから、匙加減がむつかしい。その毒の盛り方を決めるのは、医者という他人だから、なお、むつかしい。年寄りは、なおさらであろう。大航老師のように、注射の毒で死なねばならぬこともある。剣呑剣呑である。

禅宗の坊さんは、死に際に立派な人が多い。ずいぶん劇的な人の話も聞く。関精拙老師のように、自分の死を堂々と演出されるかたも珍しくない。

けれども、本当に悟りきって、禅でいう「無」の境地になって、大往生を遂げる人ばかりかというと、そうではないらしい。禅は執着から離れる境地をもって無上とする。すなわち「無」である。が、その「無」にも執着してはいけないといわれると、むつかしい。

博多に仙厓《せんがい》さんという、偉い禅僧がいた。当代随一のできた人であった。当代、禅僧の第一人者をあげよといわれたら、ためらわずにこの人を指すであろう。どこがよかったといっても、死に際がよかった。「無」にかまえず、しかも、「無」そのものであるところがよかった。一代、透き通った知恵につらぬかれていたからこそ、できたのであろう。

禅宗の偉い人は、死の間際に「遺偈《ゆいげ》」というのを書く。遺言である。禅宗の偉い人は悟りきっておられるものと相場がきまっているから、たいていは、後世の人をして惚れぼれとさすような、天晴れな偈（漢詩）を書く。それはそうであろう。生死の解脱が仏教の出発点であり、究極であり、禅の大課題であるから、いやでも堂々たる死生観を披瀝しなければならない。しかも最後の言葉であるから、それが、禅僧としての生きざまの全体印象に占める位置は大きく、要するに、人生の総括なのである。

それを、仙厓さんはやらねばならぬ時が来た。弟子が寄って師匠はもう時期もせまっているのだから、遺偈を書け、といった。

仙厓さんほどの人だから、さぞかし立派な遺偈が出てくるだろうと、弟子たちが、紙と筆を渡して、固唾をのんで見守っていると、なんと、

「死にとうない、死にとうない」

と書いた。この人、独特の戯画で、大衆に禅を説いたという、いってみれば風変わりな禅僧である。が、いくら風変わりといっても、遺偈がこれでは困る。仙厓一流の逆説にしても、八十七年間、禅一筋に生きていた人が、そのへんのただの老人と同じ心境で生涯を閉じたといわれたのでは、なんとしても格好が悪い。いかにも格好が悪すぎる、と弟子が注文をつけた。もうちょっと、気の利いたことを書いてもらえませんか――。

ああ、そうか、と仙厓さんは、素直にうなずいたという。うなずいて、筆を持ち直して、死にとうない、死にとうない、の横に「ほんとに」と書き足した。

くどいようだが、禅宗の坊さんは、生死を超越しているのが本式である。ところが、超越という、その超越にひっかかるのも、また禅宗のおちいりやすい病いであろう。わかりやすくいうと、いかにも、悟ったように見える、悟ったように見せかける。自分も悟り切ったような気になり、悟ったように振舞い、最後の遺偈まで、見せかけに終わる。

これを「野狐禅《やこぜん》」という。つまり、ニセモノなのである。

ほんとうに悟った人は、悟ったように見えない。悟ったような構えをしない。武芸でいえば、いかにも武芸者然として肩いからせている人物は二流で、ちょっと見ると平凡だが、実際には無敵といえるほど、腕の立つ、たとえていえば、塚原卜伝のようなのがほんものであろう。坊さんもそうであり、学者もそうであり、お茶人さんもまたそうである。

だから禅宗では、担板漢《たんばんかん》をきつくいましめる。ものの一面だけにかたよって、全体を眺望できない人のことである。私は修行をした、というハナにかけたようなのは、すなわち担板漢。修行にかぎらず、人間、磨き上げてしまわねば、癖がでる。磨いているあいだは、癖がどうしても出る。その癖が出なくなったら、磨き上がった証拠で、うま味が出てきて、非凡から平凡に戻る。生死の道をきわめて、生死を超越して、なお「死にとうない、死にとうない」という本音がさらりと出てくる。

禅だけではない。人生すべからく修行であるとするならば、人生を仕上げるというのは、それほどむつかしいということであろう。

平凡から非凡になるのは、努力さえすれば、ある程度のところまでは行けるが、それから、再び平凡にもどるのが、むつかしい。

年をとって、年相応にありのままに磨かれている人は、美しい。

人間、年をとれば、体力が著しく弱って普通である。百歳を越えて、若い人と対等に力仕事ができるなどというのは、もはや人間というより化け物であろう。しかし、だからといって、人間として用がなくなってしまったと判断されるのは、あまりにも人間観が貧しすぎるし、また、老人自身としても、たまったものではない。

老人には老人の用があり、老人でなければできぬ用があるはずである。それはむろん、過去の栄光の余光といったものではなく、過去における栄光の有無にかかわらず、長い年月をくぐり抜けるあいだに磨かれて磨かれて、平凡にもどった姿を見てもらうために、生きねばならない。

そのために、老人をもつ周囲の人たちに大いにご協力を仰ぎたい。

老人が、老いの自然として呆けるのは仕方がないが、なるだけ、周囲から呆けさせるように仕向けてもらわぬことである。

「老人の口達者」は、かなり嫌われるらしい。

しかし、口達者もまた、老人の普通であり、体が動かなくなったら、口だけでも動かしているよりほかはないからである。

わしがやらねば
だれがやる

平櫛田中百八歳

我が道

人間いたずらに多事、人生いたずらに年をとる。
いまやらねばいつできる。
わしがやらねばだれがやる。

木彫をこつこつ続けているうちに、いつのまにか百歳をはるかに越えてしまった。なんでも、東京都でいちばん長寿であるという。

彫刻の道を歩み続けて、もうかれこれ八十幾年になるが、人間、いたずらに多事であり、かく言う私も、いたずらに齢《よわい》を重ねてきたということになるのであろうか。

そういえば、六十歳のころ作品にしたことのある、一生を俳諧の道に歩んだ松尾芭蕉は、『笈《おい》の小《こ》文《ぶみ》』にこう残している。

かれ狂句を好むこと久し。終《つい》に生涯のはかりごととなす。ある時は倦《うみ》て放擲《ほうてき》せん事をおもひ、ある時はすすんで人にかたむ事をほこり、是非《ぜひ》胸中にたたかひて、是《これ》が為《ため》に身安からず。しばらく身を立《たて》む事をねがへども、これが為にさへられ、暫《しばら》く学んで愚を暁《さと》らん事をおもへども、是《これ》が為に破られ、つひに無能無芸にして、只此《ただこの》一筋に繋《つなが》る――と。

この言葉には、自省と自嘲のひびきがある。自分の俳句《うた》を「狂句」と言っている。そして、この世界に身を投じたことが、自分にとって最良の道ではなかったとも言うのである。しかし芭蕉は、この道を進むしか、自分にはできなかったと言い切る。これが「俳聖」といわれた男の述懐であり、透徹した自覚であった。

人間は、自分、あるいは今歩いている足もとを、常に自己に問うていなければならないと思っている。それは、老いの途次であるからといって、ないがしろにしてよいはずはないであろう。そして、自己への問いが、深ければ深いほど、大きければ大きいほど、かならず「道」はこたえてくれるものと思うのである。

「死は人生の一大事」といわれるが、それは人間、その無常なるものの、単なる物理的な終焉であるに過ぎず、「死」が人生の完成を意味するものでは決してないことを、認識しなければならない。

人間としての存在や人生の充実ということに関して言えば、老いにつけ若きにつけ、今、自分がおのれの命といかにかかわり、どのような姿勢で生きているかを問い続けるか否かが問題なのであり、言い換えれば、毎日毎日が人生の一大事の連続なのであろう。

もうはるか昔のことであり、記憶も杳《よう》としてかなたにかすんでしまっているが、若いころ私は胸をわずらったことがあり、そのとき彫刻の道に進むべきか否かについて、真剣に自己に問うた時期があった。そしてそれが、人生の転機となったことは確かである。

小学校を卒業するころであったろうか、一家が没落するという憂き目に遇った。当時、中国地方を突然襲った大飢饉の波に、我が家もまき込まれてしまったのである。中学校へ進学したかったが、そういう事情では断念せざるを得なかった。貧乏をしていた父は、私を商人に仕立てるのがいちばん良いと思ったのであろう。遠い親戚にあたる、大阪心斎橋通りの商家へ奉公に出したのである。当主は宮本定助といい、備中屋という屋号で西洋雑貨のあきないをしていた。

私は、だいたいが商売はあまり好きなほうではなかった。しかし、当時、備中屋の近くには英語や漢文などを教えている塾があり、昼間の奉公はともかくとして、夜はその塾へ通わせてもらえるであろうという期待から丁稚《でっち》生活に入ったようである。

考えてみれば、そのころの商家の習慣からいっても、使用人にそういう自由時間が与えられようはずはなく、また昔の商人の意識としては、そろばん以外に学問はあまり必要でないという風潮が支配した時代だった。私の希望はかなえられず、終日、丁稚生活に明け暮れることとなる。

しかし、そういう日々の中で、ひそかな楽しみがあった。ちょうど奉公先である備中屋の筋向こうに、島定《しまさだ》という銅器類をあきなう貿易商が店を構えており、その店頭には、さまざまな銅器類が陳列されていた。

それを、暇をみつけては眺めた。今思えば、もうそのころから造形美に対して興味があったということであろうか。店頭の銅器を見る私の脳裏にはいろいろなイメージが浮かび、この品物は、こういうふうにしたらおもしろい形になるのではないか、あの商品は、あの部分を工夫すればもっと良くなるのではないかといった思いが、頭を離れなかった。

また、奉公先からもらう少ないこづかいをためて、『国華』という当時唯一の美術雑誌を買っていたことや、多忙な丁稚生活の中で、貴重な時間を割いては展覧会の催しや美術館に出かけたことを思えば、かなり美術に対しての関心を持っていたのであろう。

このような生活が四、五年も続いた。同じあきないの仕事でも、銅器の形に思いを馳せた筋向かいの貿易商のような商家なら、あるいは続けてつとめていたかも知れない、しかし、そろばんが肌に合わなかった私は、結果として主家を飛び出してしまったのである。

その後、浪人生活を二、三年送ることになるが、その間に中谷省古《なかたにせいこ》という彫刻家を知る機会を得る。ちょうど浪人をしているうちに懇意になったのが中谷省古先生の娘むこで、さっそくその人を介して弟子入りしたのである。中谷省古といえば、当時、大阪では人形師として有名で、私が入門したころ、省古老人も子息の翫古《がんこ》さんも、シカゴ万国博覧会への出品作を制作中であった。

もっとも、弟子入りしたといえば聞こえはよいが、最初から一人前に作品を作らせてもらえるわけではなく、まずは人形の手足を制作する手伝いであった。しかし、このとき初めてノミの感触や彫刀をあつかう喜びを知ったことはたしかである。こうして省古先生について、木彫の手ほどきを受けることになったのであるが、わずか一年余にして帰郷を余儀なくされる。肺をわずらったのである。

明治二十七年ごろといえば、肺病は「死病」とされた。今の世ならば、肺結核など大した病気ではないが、我が国に結核予防法が設定されたのが大正八年であり、アメリカでストレプトマイシンなるものが発見されて、化学療法に朗報がもたらされたのが、たしか私が胸をわずらってから半世紀のちだから、当時の人々が結核に対してどれほどの恐怖を抱いていたかは、想像にかたくないであろう。私は絶望というほどの望みもなかったにもかかわらず、大地ももろともに滅びよというような絶望感を抱いて、郷里へ帰ったのであった。

　人間の生命《いのち》とは、不思議なものである。ますらおそのものと思っていた人が、若くして命終《みようじゆう》することもあれば、私のように死病にとりつかれたやつが、こうして一世紀を越えてまだ齢を重ねている。あるいは、享年の長短はともかくとしても、思いもかけぬ突然の死の到来によって、あえなく旅立つものもおれば、いく度となく死ぬほどの病いを得ても、そのたびに死線を越えて寿命を全うするものもいる。

　今となってみれば、「死」がいかなるかたちであれ、それは「生」とともに遍在する自然現象として受けとめることができる。「死」は、生きとし生けるものの必然の帰結であり、まごうかたなき大地自然の理《ことわり》であった。しかし、まだ二十歳《はたち》を少し過ぎたばかりの私にとって、それを自明の理として甘受するには、まだあまりにも若すぎたのであろう。「死」は不可解であり、恐ろしかったように思う。

　かくして、「死病」をはからずも背負った私は、この病魔をなんとか克服したいと思う心と、はたして治るのであろうかという不安をいだきながら、来る日も来る日も、日課のように魚を釣って過ごしたように記憶している。「死」と肩をならべて、水の流れに釣り糸を垂らして過ごす明け暮れであった。

　そうするうちに、ある決意が、次第に心を占めるようになる。一種やぶれかぶれの衝動から端を発した思いであったか、若年は若年なりに、ある程度「生死」というものを見据えての決心であったか、もう今となっては記憶の糸をつむぐこともかなわぬが、これからの行く方について、一つの答えを出したのである。

　同じ死ぬなら好きなことをしてやろう――これが、一年半余の療養生活の中で得た決意であった。

　同じ死ぬなら好きなことをせよ――それはいうまでもなく、商人になるよう勧めた父の意志にそむくことであり、商人への道を捨てて、彫刻の世界に身を投じることである。幸い、一年半余にわたる療養生活によって健康を回復した私は故郷をあとにし、以後、彫刻一路の人生を歩んだのである。

　後年、私は仏壇に向かい、あるいは菩提寺の墓前で、今は亡き父母に頭《こうべ》を垂れて涙したことがある。父の意志どおり、あのまま商人になっておれば、親不孝をせずにすんだ、自分はおのれの好きなことをしたために親不孝をしてしまった、という思いからである。それは、自分の歩んで来た道があやまりであったということでは決してない。しかし、この悔恨と自戒は、亡き父を、そして亡き母を思うとき、いつも水枯れた心に満つるのである。

　百三歳のおりであったか、ある雑誌社の取材に応じて、

「人間いたずらに多事、田中いたずらに百三歳といったところか。しかし、まだまだ苦心、苦心、苦心でなくてはならない。いまやらねばいつできる。わしがやらねばだれがやる、と思っている」

　と語ったことがあるらしい。そのあと、どのような話をしたのか、こまかいところは忘れてしまったが、この言葉は、私が何歳のときであれ、いつもおのれに持してきた気持ちであり、いつわらざる心境である。

　おのれの好きな道を歩んだために、はからずも親不孝をしてしまった我が身であってみれば、せめて自分が選んだ仕事くらいは、精一杯の努力で打ち込ましていただかなければ、との思いからである。

一処不住

こだわるな、こだわるな。
人間本来、住むところなし。どこに住んでも心は一つ。
仕事ができればそれでよい。

私は、仏像を作ることも好きであるが、禅僧の心機を写すことも好きである。もうこの歳となっては、体力の要る木彫の仕事もままならぬが、作品を制作していくうえで最も大きな影響を受けたのが、岡倉天心先生と西山禾《か》山《ざん》老師であった。

もちろん、このお二人との出会いがなくとも、自分は自分なりに好きな彫塑《ちょうそ》の道を進んだであろうが、今日とはよほど違ったものとなっていたであろうことは疑う余地もない。それほどご両人の影響は大きかった。

私が初めて東京に出て来たのは、たしか明治三十年の十一月、二十五歳のときだった。

そのころ東京には、大阪で木彫の手ほどきを受けた中谷先生の次男、久二郎が一年前から彫刻の勉強に上京しており、新橋駅に出迎えてくれた。彼は、当時すでに木彫界の重鎮であった高村光雲先生の教えを受けていたのである。

東京は右も左もわからなかった。そこで、土地の事情に明るくなるまで、とりあえず神田明神境内の久二郎の下宿に居候することになった。家主は、田中という六十くらいの左官職人で、久二郎はその家の八畳一間を借りていたのである。この親父が大変な好人物だった。私が行った晩から、シックイで天人や龍虎をあちこちの仏閣に残している細工ものの名人、伊豆の長八の話や、牛糞を踏んだといっては仕事を休み、何かちょっと気に入らないことがあると家へ帰って寝てしまう土蔵作りの名人、道楽留さんのことなど、名人気質の職人の逸話をいろいろ聞かせてくれた。

中でも、道楽留さんが土蔵の戸前を塗り上げると、二重、三重の段々になっている扉と戸前の間に美濃紙を一枚はさんでぴしゃっと締めても、その美濃紙を引っぱると破れずにスーッと抜けたという話は印象的で、本当の職人とは、そうであらねばならないと、そのとき感じたことを憶えている。

こうして、久二郎との同居は一、二か月続いたが、いつまでも厄介になってはいられない。そこで下宿先を捜し、谷中の長安寺に移った。

長安寺には狩野芳崖の墓があり、盆や彼岸には、日本美術院創立に参画した橋本雅邦が必ず墓参に来ていたらしいが、そんなことはまったく知らなかった。また、長安寺に下宿先を求めたことが機縁となって、西山禾山という善知識との出会いといった千載一遇の機会を得ることが出来ようなどとは、夢にも思わなかった。明治三十一年、長安寺に移り住んだ私は、どぶづけの置いてある場所に一畳か一畳半の空き間をみつけてむしろを敷き、そこを仕事場としてコンコンやったものである。

たしか、その年の十一月だったと思う。当時、居士《こじ》連が集まって「道友会」という禅道会をつくっていた。世話役は藤宮象洲《ぞうしゅう》という居士だったが、この道友会の招聘《しょうへい》で上京されたのが、伊予八幡浜《やわたはま》大法寺の西山禾山老師だった。昼は湯島の麟祥院で臨済録の提唱、夜は上野寛永寺の末寺で接心会が行なわれ、私は長安寺にいたのが機縁となって、親しく入室《にっしつ》、参禅できたことは何よりも幸運であった。また老師は、「道生会」という会でも講座をもたれたが、これは滴水、峨山、海晏などという、明治における臨済の大物のあとを襲われた講座であった。

ここで、西山禾山なる禅僧について、少し述べてみたい。

老師が上京された当時、六十歳くらいであられたと思う。片頬が火傷《やけど》で引きつっていて、容貌魁偉の人であった。

禾山の最初の師は、大法寺の晦巌《まいがん》という和尚で、その指導ぶりは峻烈で厳格であったといわれるが、禅宗の師家《しけ》でありながら、教相にも非常に明るかったという。あるとき、その晦巌をして、「我は是れ豪邁、汝は是れ高邁」と言わしめたというから、禾山の境界《きょうがい》は、修行時代から、かなり深いところに達していたのであろう。

また、相国寺《しょうこくじ》でのちに師事した有名な越渓禅師は、禅機鋭い師家であったといわれるが、禾山はこの越渓から印可を得ているのであるから、学問と実践修行両面にわたって卓越していたことはいうまでもない。そういえば、よく禾山は講座で、「右に晦巌、左に越渓」といって、左右の握りこぶしをつき出して大衆に示しておられたが、天真の境《きょう》に悟入しておられた老師の、ワシは二人の師の法を嗣いでいるのだ、とのお示しだったとうなずけるのである。

禾山が、いかなるめぐりあわせからか、幼いころ出家得度した八幡浜大法寺の住職となったのは、たしか三十七歳のおりであったと聞くが、それから七、八年後、大法寺は炎上している。

頬に引きつった火傷のあとは、その際、燃えさかる炎の中に飛び込んで、越渓禅師から授かった印可証などを運び出したときに受けた傷である。

のちに禾山は、寺院を見事に復興し、各地からは師の徳を慕って雲水たちが参集して大いに栄えたとのことであるが、老師の名があまり一般に知られていないのは、名刹から幾度か晋山《しんざん》の招きがあったが断じてこれを受けず、衆生済度をつらぬいて、禅家としての真面目をまっとうされたからである。

私は東京にあって、禾山の教化《きょうけ》に会う倖せを得たが、老師の提唱が普通の禅坊主のものでないことは、仏教学者の村上専精《せんしょう》博士や、東京美術学校の創立に尽力した今泉雄作などが車でかけつけていたことをみてもわかる。また、目白僧園の坊さんや天台宗大学の学僧がつめかけ、いつも本堂にあふれんばかりであったことを憶えている。

禾山老師の講座は、まことに天空快闊なるおもむきであった。

たとえば、聴衆の前に立つと、手をつき出して左のこぶしを開き、「ワッハッハー」と大きな口を開けて大笑するや、「ここから入れ」とやる。大衆の中には、噺家の円朝や女役者の久米八なども来ていたが、それを見つけて「おい、円朝」といきなり言う。円朝が「ハイ」と答えると、「ハイが円朝か、円朝がハイか」と、噺家相手にたちまち問答をきり出す。

あるいは目白僧園の坊さんを前にして、そこの戒律を痛罵する。そうかと思うと、日蓮を賞讃する。日蓮といえば『四《し》箇《か》格言《かくげん》』で「念仏無間《むけん》、禅天魔、真言亡国、律国賊」というすさまじい言葉を吐露し、禅家を「天魔」とまで言った人である。その日蓮を、老師は何の屈託もなく讃嘆する。

話題は仏教に関するものだけにとどまらない。たとえば、自由民権運動で活躍し、投獄までされたことのある河野《こうの》広中《ひろなか》が、当時、自由党を脱党し、結成されたばかりの憲政本党に入るという出来事があったが、老師はその河野広中を激励する。あるいは相撲が始まれば、ところかまわず自分のひいき力士を応援する。

あれはちょうど秋場所の千秋楽だったと思うが、当時の朝汐《あさしお》は、伊予八幡浜出身の力士で、東の大関だった。その対戦相手は、西の大関。禾山はその日講座に立つと、「今日は大関同士の取組だが、朝汐はわしの檀家だ」と言うや、「朝汐負けるな、朝汐負けるな」と大声で叱咤する。あいにくその勝負で朝汐は負けてしまったが、翌日の講座で、「朝汐負けた。負けてもいい、負けてもいい！」とやる。まさに天馬空を行くふうであった。

そういう老師の、天衣無縫なところをものがたるのに、おもしろい話がある。

禾山老師が大法寺におられたころ、随身のものに、妙心寺派の僧と大徳寺派の僧がいた。この二人が、顔を合わすと議論をする。原因は、大燈国師宗峰妙超から印可を受けたのは、大徳寺系が早いか妙心寺系が早いかということであるらしい。

一方が、宗峰妙超さまから先に印可を得たのは、わが妙心寺の開山、関山慧玄さまだというと、もう一人のほうが、いやそれはちがう、大徳寺二世さまのほうが早く印可を授けられたのだと返す。そうこうするうちに、大声で喧嘩となった。

すると禾山和尚は、妙心寺派の僧を連れてきて、耳もとで「お前の主張するとおりじゃ」とささやいてかえす。また大徳寺派の僧を連れてきては、「お前の言うことが正しい」と耳打ちしてかえす。それを聞いていた侍者が、「禾山和尚、ずるいぞ」とやったという。

私の専門ではないが、仏教のめざすところは、「仏心」の体得であろう。「仏心」を、言葉でもって言いあらわすことはできないが、簡単に言ってしまうならば、何ものにもとらわれぬ無執着の心、とでもいうことになるのであろうか。禅で強調される「無心」「無我」も、そういった境地である。この話では、その無心をめざすべき僧が、己が法流の師の印可を受けた時機にこだわっている。ことわっておくが、ここで喧嘩をしでかした二人の僧を非難しようとしているのではない。侍者の僧に、「禾山和尚、ずるいぞ」と言わしめた、そのときの禾山の姿が目に浮かぶようでおもしろいのである。

禾山は、ものにこだわる心を捨てよという訓戒を暗に秘めて、瓢々としてこの場を処していたのであろう。それが傍《はた》の坊さんには、ずるいと見えた。そう見たてた侍僧の禅境が、そこまでにはいたらなかったといえばそれまでだが、いつも禾山に接しており、ある程度の見地をそなえたものでさえ見ぬけなかった、禾山の遊戯《ゆげ》三昧《ざんまい》ぶりが、実に痛快なのである。

禾山老師の提唱は、単なる学問の解釈ではなく、何もかも実地でいった。

あるときの講座で、たしか、人間生前に大事未了だと、冥途で草鞋銭を請求されるというようなことが、何かにあったときのことだった。老師は次のようなことを言われた。

われわれが死ぬと地獄へ行く。そこで閻魔が聞く。

「お前は娑婆で何宗だった?」「門徒宗でございます」「では仏壇では何と唱えた?」「南無阿弥陀仏、南無阿弥陀仏」「よろしい。地獄の門を通って極楽行きじゃ。次の者、何宗だ?」「真言宗でございます」「娑婆でお前は何と唱えていた?」「南無大師遍照金剛、南無大師遍照金剛」

日蓮宗なら、南無妙法蓮華経でとおる。そこに禅宗の奴が来る。

「お前は何宗じゃ?」「はい、私は禅宗でございます」「その証拠は何じゃ?」「無……」「何じゃ、無か。それでは通ること罷りならん」

ということになる。では何と答えるか、それは〝南無般若波羅蜜多〟と言うのじゃ——と。

考えてみなくとも、このような称名はどこにもない。老師は、そのあと、わしは檀家の者に、朝夕仏前に合掌して〝南無般若波羅蜜多、南無般若波羅蜜多〟と唱えるように教化しているのだ、と話されたのである。

実に味わい深い言葉だった。そのときは、なるほどもっともな教えだと感じただけであったが、それからしばらくして、この教化《きょうけ》のすがたが見えた。

禅のめざすところは、無の境地への悟入である。しかしそこにいたるには、たとい出家して不動の信念をもって坐禅修行に徹底したとて、なかなか到達できるものでないことは、過去の禅の歴史をみても明らかである。ましてや、在家生活を営む人々にとって、坐禅に明け暮れることなどとうてい無理であろうし、いたずらに無我の境地に入れと強いられても、それは詮ないことである。もっといえば、「無」を求めれば求めるほど、「無」にこだわるのは人の常であろうし、「無」にとらわれた心は、もはやそれは迷いの心そのものなのである。

中世、時宗を開いた一遍の「南無阿弥陀仏」は、念仏と禅を一如とした「念仏禅」だといわれる。本来なら、自らの力をもって悟りを開く自力の禅と、仏の本願力によって浄土に生まれることを願う他力の念仏とは、相反するように思われる。が、一遍の「南無阿弥陀仏」には、ひたすら名号を称える中に仏心を体得する、すなわち無心無我の境地へと衆生を導こうとする姿があったと思われるのである。

禾山老師は当時、金剛経の講座の中で、「応無所住而生其《おうむしょじゅうにしょうご》心《しん》」というところが、いちばんたいせつなのだと言い、自分は小僧の時分、この憶えにくい言葉を「大麦小麦二升五合」といって憶えたと話されたことがある。そしてこの句に関して、一つの笑い話があった。

昔、あるところに歯痛で悩んでいるお婆さんがいた。そこを偶然通りかかった山伏が、お婆さんに向かって、もし歯痛が出たら「オオムギコムギニショウゴンゴウ」と唱えなさい、と教えて去った。お婆さんは、その言葉を一生懸命になって憶え、次に歯が痛み出したとき、その呪文を一心に唱えると、不思議に痛みはピタリとやんだ。この話はうわさになり、あるとき、一人のお坊さんがやってきた。聞くと、その呪文は間違いだから正しに来たと言う。お坊さんはおもむろに懐から紙を出し、「応無所住而生其心」と記してカナまでふり、お婆さんに、今度歯痛が出たらこのように唱えるのですよ、と言い残して帰って行った。しばらくして、お婆さんの歯は痛み出した。そこで、お坊さんにもらった書き物を取り出し、そのとおりに唱えたが、歯の痛みは少しもとれなかった――。

話はそれだけである。それだけであるが、ここが大事なのである。先ほどの話にもどるが、われわれ凡夫には、「無」というような、観念的でとらまえどころのない言葉を示されても、ただとまどうばかりである。また、経典の一つ一つにどれほど深い意味があり高遠な世界観が示されているのか、知るよしもない。それよりも、何も考えず、ただひたすら称名するほうが、どれほど我をわすれ、自己のいっさいを放下《ほうげ》して、無心無我の境地に近づけることか――そこに一遍の念仏があり、禾山老師が檀家の者に「南無般若波羅蜜多」を唱えさせた本懐があったのであろう。これが教化の方便を説く、禾山の真面目ではなかったかと思うのである。

道友会は三年続いたが、世話役の象洲居士がぽっくり死んで、この会は解散した。葬儀は禾山老師が導師となって営まれたが、その時の老師の引導というものは、有り難くて涙のこぼれる思いがした。

私は、あとにもさきにも、あんな引導を聞いたことがない。「象洲、象洲」とよびかけ、いちいち象洲の見解を説きつけていく。その一句一句が、聴くものの五臓六腑に響きわたり、老師の口を衝いて出た一転語が終わって放たれた――。

「喝《かっ》！」

何とも形容の言葉もないものであった。大きいというか、鋭いというか、澄みきったというか、臨済大師を地下から呼び起こしてきたなら、あるいはああいう喝でもあろうかと思われる、胴震いのするようなものであった。

私は、上野の動物園の近くに長く住んでいたので、夜明けに鳴く鶴の声を聴き入ったものである。「鶴の一声」というが、たった一声の鶴声を聴くと、心の底までシーンとしたものだった。

禾山老師の一喝は、この鶴の一声にそっくりであった。その場には、京都の竹田黙雷老師に師事し、「無字」を通った天心居士という一風ある禅者もおられたが、「あの喝こそ、ほんとうの喝だ」といって感激していたから、誰もがそう感じたのであろう。

あれからもう何十年たったか――今では耳も遠くなり、鶴の一声を聴くこともかなわぬが、禾山老師の放たれた一喝は、今もありありと耳に聴く思いがする。そして心の中には、老師から教えを受けた「応無所住而生其心――まさに住する処なくして、その心を生ず」の真意を、終始理想に置いて暮らす日々である。

人間苦

**悲しいときには泣くがよい。
辛いときにも泣くがよい。
涙流して耐えねばならぬ。不幸がやがて薬になる。**

貧乏は骨の髄までした。三十四歳で妻をめとったから、晩婚だったといえる。花代といった。そのころ私は、長安寺近くの二軒長屋のひとむねを借りて住んでいたが、作家、ことに彫刻家の女房などというものは貧乏なもので、世帯の繰り廻しには、人一倍、苦労がいったものと思う。

生活苦は、ひどいものであった。月四円五十銭の家賃が、どうしても払えなかった。私はコツコツ仕事に打ち込んではいたが、作品ができ上がったからといって、すぐに売れるわけではない。家主は、何度も何度も催促に来たが、貧乏で払えませんとしか答えようもなく、十か月も家賃をためたことがあった。

妻は、私の仕事にはほとんど無関係で、院の展覧会すら観に行ったこともなかったから、いっそう世帯の苦労だけが身にしみたであろう。七十七歳でこの世を去ったが、今思うと苦労のかけっぱなしで、かわいそうなことをしたと思うばかりである。

人間、貧乏は我慢できるが、子供に死なれるほどつらいものはない。このことは、かなり前、何かの雑誌にたのまれて書いたことがあると思うが、私は三人の子供を儲け、上の子二人を結核で亡くした。

そのとき、涙が出てたまらなかった。涙が出なくなるのに三年はかかる。私は自分の体験から、子供さんを亡くされた方には、「三年は泣いておあげなさい」と言っている。親が子を亡くした悲しみは、十年や二十年たったとて決して忘れられるものではないし、三年間は泣きの涙で暮らすものである。

子供たちがかなり大きくなったころであった。私の仕事も次第に認められて、内弟子が十人ほどいたであろうか。その中に胸の悪いのがいた。本人は、自分が胸の病いであることを知っていたと思うが、彫刻がどうしてもやりたいと思うあまり、帰されるのがいやさにそのことをかくしていたのであろう。子供たちは、その弟子と一緒によく遊んだりしていたが、不幸にも発病した。

三人の子供は、長女を幾久代《きくよ》、長男を俊郎《としお》、末娘が京子《たかこ》といった。この三人が、あいつぐようにして結核で倒れてしまったのである。

一人は母屋の二階、一人は階下に寝かせ、もう一人はアトリエを寝室がわりにして、看病した。私たち夫婦は、家の中をかけずりまわって過ごす毎日だった。のちに医師のすすめで、三人を平塚海岸に転地療養させたが、その甲斐なく、上の二人はそこで亡くなり、下の娘だけが助かったのである。

当時、私は頑固で、子供が病の床に臥すまで、どれほど家内からいわれても作品の制作を依頼してもらいにいったことはなかった。夫婦喧嘩もよくやった。ところが、子供たちが病気になってみると、治療費も転地費も要る。このときばかりは、恥をしのんで生まれてはじめて、ある日本有数の富豪のところへ借金に行ったが、ていよく断られたのである。私は言葉もないほどがっかりして、家へ帰るとばったり倒れてしまった。たしか、何等かの因縁があり、作品は四年か五年後に届けますからという条件つきで、これなら大丈夫と思う人のところへ行ったのであるから、その打撃は大きかった。しかし、そのあと九人ほどの人から、当時のお金で二万四、五千円ほど拝借でき、そのお金でどうやら子供の治療にあてられたのであった。

長女が亡くなる前日であった。幾久代は髪を梳《す》き、からだをアルコールできれいに洗い、手を陽射しにかざしてみると、青白く透きとおってみえた。

「ああ、きれいになったわ」

彼女は、そう言ってよろこんだ。

亡くなる日の朝、幾久代は庭掃除をしていたおばさんまで呼んで、訣《わか》れを告げた。

「永い間、お世話さまでした。おわかれの水をつけて下さい」

澄んだ瞳だった。唇に水をつけてもらうために、しばらく待っていたが、おばさんは泣いてなかなか水がつけられなかった。やがて訣れの挨拶をすべて終えた彼女は、静かに、

「南無阿弥陀仏、南無阿弥陀仏、南無阿弥陀仏」

と三言称えて、美しい往生をとげた。人間の死とはこんなにも安らかで美しいものであろうかと思われる臨終であった。

幾久代は十八で発病、二十歳《はたち》でこの世を去った。惜しい娘であった。

病床に臥すまで、仏英和高等女学校（現・白百合学園）へ通っており、仏蘭西語が得意だった。

私はこの娘をつれて仏蘭西へ渡り、あちらの美術を観て歩きたいと思っていた。そのことは二人で堅く約束していたのだが、娘も心残りだったであろう。

不幸は重なるものである。長女に続いて二番目の子が、相次ぐようにしてその短命を終えた。

幾久代の死は安らかであったが、俊郎は傍らで見ていられないくらい苦しんだ。腸結核であったから、腹が大きく波打っていた。苦しくなると呻いて言った。

「お父さん、姉さんの称えたように、念仏を称えてください」

私は、念仏を称えてやることはできたが、苦しみを救ってやることはできなかった。そうするうちに息子は苦しみに耐えかねてか、こう訴えた。

「お父さんは禅をやっている。それで禅の念仏になってしまうから苦しいんだ」

この言葉を聞いたとき、二年間も寝ていると、こんなにも利巧になれるものかと驚いた。病児に、父の境涯を看破されたのであった。この子は、七転八倒し、窒息死ともいうべき死を迎えた。言葉では言いあらわせぬ苦しみだったであろう。人間の死とはこんなにも苦しいものであるのかと教えられる命終であった。

「しあわせとはまどろみであり、不幸とはめざめである」とは、亡くなられた島崎博士の言葉だったと思うが、こうして私は、死苦、病苦、世間苦を味わったのであった。

亡くなった子は死ぬ間際、自分たちの分も生きて、作品をたくさんつくってくださいと言い残して息を引きとったが、その言葉は今も私の耳に残っている。

勲章

胸にぶらさげるのは一つ。
わしがもらってわしが懸ける。
わしのものでもまわりのおかげ。感謝感謝。

昭和三十七年に文化勲章をいただいた。

彫刻という地味な道をコツコツ歩んできた私は、賞などという晴れがましいものにはあまり興味もなかったが、このときばかりは、まことにありがたいことと喜んだ。みなさんから、お祝いのお手紙や祝電をたくさんいただいたが、申し合わせたように、いつ受章するかと待ちくたびれていた、ほんとうによかった、という文意が多かった。

私としては、「鏡獅子」を作ったときに頂戴できればなにより嬉しかったのであるが、あの受章は、岡倉天心生誕百年の年であったから、これも岡倉先生のおかげのような気がしたものである。

「鏡獅子」といえば、私は仕事に苦心した覚えはあまりなかったが、この作品ばかりはどうにもならず、苦労した。たしか昭和十一年、歌舞伎座に鏡獅子がかかったとき、二十五日間、毎日かよって観察し、その後、六代目尾上菊五郎といろいろ打ち合わせた上で決めたのが、いまの作品の姿である。試作や作り直しを繰り返し、最後の作品が出来上がったのが昭和三十三年ごろであったから、中断していた期間も含めると、およそ二十年にわたって取り組んだ作品といえるかも知れない。

菊五郎は、私がこの作品を作るのを楽しんでいるようであり、熱心にモデルに来てくれた。あるとき、明日は私がモデルに行けないから新吉をやります、と言われた。翌日そのとおり新吉さんがやって来て、玄関先で衣裳を着けていると、そこへ本人が車でかけつけ、新吉さんを見るなり、

「おい新吉、ダメだダメだ、よせよせ」

と言う。何です、と尋ねると、

「それじゃあまるで土左衛門の川流れだ。私はね、ひと興行に一枚着つぶすんです。来月は春

日明神を踊ります。その衣裳の模様は違うけれど仕立ては同じです。それを持ってきて、モデルは私がやりますから、今日はおよしなさい」

と言った。よく見ると、新吉さんが持ってきたのは貸衣裳で洗濯したものだから、グタンとしている。袖がピンと張った仕立て卸しでなければ気に入らないのだろうと思い、菊五郎の言葉を領解した。

最初の試作は、一尺七寸のものだった。二度目は三尺四寸の試作であったが、その裸の像を作っているとき菊五郎がやってきた。見るなり、

「これがいい。先生、これがいい」

と言う。それではこれでいきましょうということでその場は済んだ。ところがしばらくのち、その像にくまどりしたところが、

「先生、これはいけない。裸でくまどりした姿で弟子には教えませんよ。くまどりをしないで下さい」

との注文が出た。私は、くまどりで裸がおもしろいからやるのであって、くまどりをしないのなら作りたくない旨を伝え、こう言った。

「これに衣裳をこしらえて、お着せになったらいいでしょう。そうすると衣裳人形になります

よ」

六代目は、それはいい、そうしますと喜んで、納得してくれた。

六尺八寸の原寸には、昭和二十七年、東京芸大を辞任してから取り組んだが、二年を費やした第一作は失敗し、のち、三年かかって完成を見た。

惜しいことに、私の不始末で、六代目菊五郎の生存中に作ってあげることが出来なかったのは、何よりの心残りである。

「賞《ほ》」めていただくのもなかなか大変だなと思ったのは、私が文化功労者に選ばれたときだった。何かのおりにもいったが、あの文化功労者なるものがわからない。文化勲章という賞があり、文化功労者という制度がある。この二つは、ともに芸術・学問の顕彰であろうが、何か純粋なる芸術を格付けしているようで面白くなかった。私は、どうもそれが気にくわなかったので、実は断るつもりでいた。しかし、もしかして細川護立《もりたつ》侯が関係しておられるのではないかという思いもあり、それでは角が立ってしまうからという周りからのお勧めもあって、お受けした次第であった。

昔、岡倉天心先生から教えをいただいているころ、先生は私の一本気な性質を見抜かれ、

「言いたいままを言っているあなたは、一生、借金の利息に追いかけられているようなものです」

とおっしゃったことがあった。私はなるほどと思ったが、そのあと言葉をお続けになり、

「実のところ、僕もそうなのだ」

と笑っておられた。いま、己れをかえりみて、とうとうこの癖は直らなかったなと、つくづく思う。

ともかく、言いたい放題、したい放題で生きてきた私は、勲章などまったくご縁のないものと諦めていたし、死んだらあるいは、というくらいの気持ちでいたから、生きているうちに文化勲章を頂戴できたことは、何といっても光栄なことであった。

あのときの受章でいちばん喜んでくれたのは、孫たちであったろうか。宮中へのお招きには孫を連れていったが、「おじいちゃん、これでよかったね」と喜んでくれた。

私が留守中で残念なことであったが、前田青邨《せいそん》君が娘さんと一緒にわざわざお祝いに来てくださり、富士を描いたみごとな色紙をいただいた。また不幸にして早逝した長女幾久代は、生前、仏英和高等女学校に通っていたが、その当時仲の良かったお友だちが、心あたたまるお手紙を寄せてくださったことも、何より嬉しいことであった。

そういえば、受章内定の報せを聞いたのは、旅先であったと記憶している。たしか、正倉院の御物拝観の期間中であった。

東京を発つとき孫の弘子が駅まで送りに来てくれた。奈良に行くときは、いつも夜行を利用していたが、寝台車に乗り込んだ私に、着物の着がえや荷物の整理など、あれやこれと世話をやいてくれた。しばらくして、もう大丈夫だからということで家に帰らせた。ところがその日は列車の大事故があり、私の乗った汽車は動かなくなった。そのあと、どのような経路で行ったかは忘れたが、奈良に着いたのは昼過ぎだった。家のほうには、電話くらい入れておけばよかったのだが、向こうには出迎えてくれる知人もいるからということで、うっちゃっておいた。なにしろ九十歳の一人旅である。家人には、いろいろと心配をかけたらしい。

そして、奈良で報せを受けたと思う。新聞記者の方たちもかけつけてきた。それまで何の内意も聞いておらず、私自身ほとんど関心もなかったから、突然のニュースに驚いたことであった。

東京へ帰った翌日、さっそくご報告に、岡倉天心先生の墓所に詣り、次に六代目菊五郎の墓にお詣りした。

六代目は、あの「鏡獅子」のモデルとして、ほんとうに熱心になってやってくれたし、私にしても、文化勲章をいただくなら、それは「鏡獅子」によるところだという思いが深かったから、このたびの恩命を彼の墓前に伝えたのであった。

亡妻の墓に詣るのは最後の番になったが、早逝した二人の子供たちにはせめてもの手向けに、そして苦労をかけっぱなしでかわいそうなことをした妻には、せめてもの詫び言にと思い、墓前に掌を合わせ、「いただきましたよ」と、そっと告げておいた。

師

わからなくても困る。わかりすぎても困る。
百を越えても青二才。
勉強勉強、人生すべて「師」。

岡倉天心——。

明治の美術界を指導された巨星であった。この恩光のもとに、横山大観、下村観山、菱田春草などが育っていったが、大正二年九月、赤倉の別荘にてこの世を去られた。五十一歳であった。

私は、岡倉先生に直接指導していただいた、彫刻方のたった一人の生き残りであるが、先生なくして今日の彫刻家としての自分はあり得なかったと思う。永眠されてもう六十数年になるが、その教えとお姿は、いまだに心の中に生き続けている。

岡倉先生と初めてお話しすることが出来たのは、明治四十年の秋だった。それまでにも、お姿だけはときどき拝していたが、ものを言ったことはなかった。

当時、寺内銀次郎という経師屋がいた。彼は、狩野芳崖や橋本雅邦の腰巾着をしていたらしいが、両大家が亡くなってからは横山大観や下村観山についたという商売熱心で、私はこれに三、四年間、帳面つけをして養ってもらいながら勉強した時期があった。

岡倉天心先生が創立された日本美術院は、初期のころ、よく地方展をおこなった。つまり、いうところの旅かせぎで、銀次郎はそれには必ずついて行っていた。また、日本美術院では、そのころ国宝の修理も引き受けており、四天王寺の扇面写経の修理は、銀次郎の店がうけおっていたのである。たいせつなものだけに、晩、仕事が終われば美術院の金庫に収め、翌日になれば、朝、金庫からそれを持って来て職人が手を入れるという繰り返しである。銀次郎が留守中は、この国宝の出し入れが私の役となり、毎日、朝と晩の二度、美術院に通ったのであった。

美術院に行くと、たまに岡倉先生がおられた。いつもたもとに入れた両手を腰に当て、背筋をしゃんと伸ばしておられる姿には威厳があり、一種独特の風格があった。後年、先生のお姿を彫刻するにあたって、御舎弟の岡倉由三郎先生からいろいろお話をうかがったが、実際の背丈は五尺四寸くらいであったらしい。にもかかわらず、私にはいつも、見上げるように大きいお人に見えた。

それはともかく、明治四十年に開かれた第一回文部省展覧会（文展）では、岡倉先生やお弟子さんたちの推進してこられた新日本画運動が、非常な成果をおさめたようであった。その第一回文展が開かれる直前のある日、岡倉先生は高村光雲師に、

「絵画のほうは長年手がけてきたので、昨今やや道が開け前途の見通しもついた。しかし彫刻のほうはいっこうに手をつけておらんので、これから少し彫刻のほうをやってみようと思うが、若い有望な連中がおれば、一度話をしてみたい」

と言われたらしい。高村先生は、米原雲海、山崎朝雲、加藤景雲と私の四人を自宅に呼ばれ、

「一度お話を聞いてみてはどうか」とおっしゃったのである。

会合の結果、結局、加藤景雲と私が翌朝をまって、岡倉先生にお目にかかることになり、その場は別れた。ところがその晩、米原は単独で岡倉先生をお訪ねしたのである。先生は待ってましたとばかり、米原から彫刻のありさまをあれこれと聞かれ、彼に現在活動している木彫家を何人か連れてくるようにと言われたという。

翌朝早く、前日の連中に門外の森鳳声と滝沢天友が加わり、私も高村光雲先生にはあまりお世話になってはいなかったが、門下のはしくれとして、上野寛永寺近くのお寺の寓居に岡倉先生をおたずねしたのであった。

当時、彫刻というものは、ほとんどといってよいほど需要がなかった。ただ、売れるといえば、春に開かれる日本美術協会の展覧会と、秋の東京彫工会の展覧会に侍従さんがおいでになり、宮内省御用品として二、三点お買い上げになる程度で、それを当時十四、五人か二十人くらいの彫刻家が競い合っていたのである。

岡倉先生とお会いした席で、どんな話が出たのか、もういまとなっては記憶にない。しかし、自分たちの窮状を訴え、作品の売れない苦しさから、「何とかして売る道がつかないものでしょうか」とお尋ねしたときだった。私の作家生活において、生涯忘れることの出来ない言葉を聞いたのである。

「諸君は、売れるようなものをお作りになるから売れない。売れないものをお作りなさい。必ず売れます」

目の洗われるような思いであった。売れるようなものを作ろうとするのは、もうすでにものにとらわれた姿である。何とかして売れるものをつくろうとすればするほど、心はくもる。そんな世事世俗にまみれた心から、良い作品は生まれるはずがない。そういう「はからい」は捨てよ、そして捨てようとする意識さえも捨てきれ——岡倉先生は、そこを突かれたのであろう。禾山老師の姿が浮かび、老師から聴いた提唱が思いかえされた。

話は変わるが、それからはるかのち、私は「習作不動」と題して、不動尊を刻んだことがある。ちょうど具合のよい榎《えのき》の埋木《うもれぎ》が手に入ったので、それを使って刻んだのである。その動機となったのは、あるとき手に入った藤原時代の制多加《せいたか》童子が、非常にいいものだった。実におおらかで、ノミのあともほれぼれするほど匂い高いものであった。そこで、この制多加童子に相応する本尊をつくってみたいという熾烈な衝動をおぼえて、制作したのである。

三年後、それと同じものを日展に出品したところ、ある人が、「平櫛さんの不動は、前の作品のほうがいい」と評された。この批評は、いちおうもっともだと首肯できた。というのは、その出品作は、伊藤という弟子に私の原型を与えて作らせたものだったからである。それでどこかぼやっとしており、その相違点は専門家が見ればすぐわかったといえよう。しかし私としては、その作品に好ましいものを感じた。

火焔などをよく見ると、ごつごつしていて不細工なところがあるが、それでいて何ともいえず細工、不細工をとびこえた美しさ、焔の熱さがじかに触れてくるような霊動を感じた。煩ぺたにしてもそうだった。きびしい頬でありながら、何となくふくらんでいて、そこに塵をだにおかぬ童心が宿っている。一見、素人が彫ったと思えるうぶなところがある。それは、伊藤君のひたむきな若さが打ち込まれているからだった。

これは技ではない。技術以上のものである。美術でござるという臭さが、鼻さきからこそげ落ちたところに、真の美があるのであろう。

かの「悲母観音」をかかれた狩野芳崖翁は、子供たちに紙や筆を与えて、自由に童画を描かせてよろこんでおられたと聞く。また、私が何度も作品にしたことのある良寛は、

　霞立つ長き春日を子供らと
　　手まりつきつつ今日もくらしつ

と詠んだが、和尚は自然のいのちのはたらくままに、子供たちと手まりをついて遊んだという。そういう心境になってはじめて、真の作品が生まれるのだと、岡倉先生は言われたのであろう。それが芸術の行きつかねばならぬところであった。

岡倉先生からお言葉をたまわった翌年の明治四十一年、米原雲海、山崎朝雲、滝沢天友、森鳳声、加藤景雲、それに私の六人で「日本彫刻会」という木彫研究の小団体を結成した。これは、前年岡倉先生にお会いしたとき、ご自身が主唱されたことで、会長には御迷惑ながら先生に就いていただくこと、四十一年に第一回展を開くことを決めていたのだった。もちろん我々は、木彫家だけで展覧会をやるというような考えはなかった。ところが、その年の秋、国画玉成会が池ノ端で日本画展をおこなうこととなり、私たちはその会場の一隅を区切ってもらって、日本彫刻会の第一回展を開いたのである。

米原雲海は「二祖断臂」と「月」の二点、山崎朝雲は「豊太閤」、滝沢天友は荘子から題材を得た「虚と実」、森鳳声は「関羽」、加藤景雲は「文覚」と「東天紅」をそれぞれ出品し、私は「活人箭《かつじんせん》」を出陳した。

私の作品は、以前、禾山老の提唱の中で聴いた「石鞏《せっきょう》、箭頭《せんとう》上に向かって人を求む」という語から材を得たもので、それには次のような話があった。

昔、中国に一人の猟師がいた。あるとき、猟を終え、獲物をかついで山からおりようとしていると、旅の僧に出会った。旅の和尚は猟師に向かってこう尋ねた。

「お前、そんなに弓をもって一日中山を歩いてどれくらい獲物があるかな」

「猪なら一頭、鳥ならば五、六羽というところでしょう」

それを聞いた和尚は言った。

「何だ、それっぽっちか。つまらないことをしておる。お前、わしのところへおいで。いっぺんに何百、何千と獲れる法を教えてやろう」

しばらくして、猟師が教わったとおり山へたずねていくと、和尚は弓を満月のように絞りながらいった。

「この矢を見よ」

和尚は、三十年もこうやっているのだが、何かへたなことを言えば射られてしまうので、参禅者はみなおそれて山を下ってしまう。ところが、そこへやってきたこの猟師三平《さんぴょう》は、ただの者ではなかった。毛むくじゃらな胸を開けっぴろげて矢の前に立つや、こう言った。

「これはこれ、殺人箭か活人箭か」

和尚の矢は人を殺すための矢か、人を活かすための矢か――こう返された石鞏和尚は非常に喜んで、

「我れ三十年この人を求む」

といって三平を證明した。――

「活人箭」は、禅僧が弓を引き絞る機《すがた》を写したものである。うれしいことに、岡倉先生はこの作品を認めて褒めてくださった。私には、そういうことからも、この「活人箭」がほんとうの出世作ではなかったかと思われるのである。

それはさておき、この日本彫刻会第一回展の出品作は、全体に非常に評判が良かったのは何よりだった。そこで、すべて公平にということから、売価もみんな入札でおこなった。ところが評判とはうらはらに、十月一日の開会の日から二十日過ぎても誰も買いに来てくれない。会員の連中は、次第に不安をつのらせ、思いあまってとうとう岡倉先生のところへ買いあげていただくようお願いに行くと言い出した。しかし私は、いっさい不参加をきめこみ、知らぬ顔で通したのであった。

結局、他の連中は、売価の一割くらいひいてもいいから、何とかして下さいといって持ち込んだらしい。私はその場に居合わせなかったから、誰がどんなことを言ったのか、そこでどのような話が出たのかわからぬが、中にはただ困ると言うばかりで、そうとう下種《げす》張った、無恥な頼みかたをした人もあったのであろう。あとで聞いた話によると、先生は「どうも彫刻の連中のわからずやには困る。あんなにまで話がわからないとは思わなかった。全部買い上げて庭に積み、彼らの眼の前で火をつけてみせたら、少しは眼が覚めるだろう」と近親に洩らされたとのことであつた。

そうこうするうちに、とうとう売れないまま、閉会の三十日の朝を迎えた。すると橋本静水が飛んで来て、「五浦《いづら》の先生から電話で〝活人箭〟と〝月〟の二点を売約にしておけと言ってきた。これから会場へ赤札をつけに行く」という。私は、岡倉先生と経師屋の銀次郎の関係、銀次郎と自分の関係を考え、他の仲間から、平櫛のやつ巧くやる、と誤解されてはかなわないと思い、同じ赤札をつけるなら、活人箭と同じ値段がついている滝沢天友の「虚と実」にしてもらうようにたのんだのであった。

ところが橋本静水は、「そんなことをしたら、先生にどんなにしかられるかわからない」といってなかなか承知してくれない。そこで、「今は彫刻会の団結が最も大切なときなんです。僕だって楽じゃないが、下村観山さんや木村武山さんのお世話で、彫刻の頒布会をしてもらうことになっている。それができればなんとかなるから」と言って説得し、「君には迷惑はかけない。先生が立腹されたら、私が行ってあやまる」ということで、とうとう承諾させた。

閉会の翌日、橋本静水は早速やってきたが、先生は「これは金の問題だからまだいいが、授賞だったらどうする。いいものを落として、悪いものを上げることができるか」と言って大いに叱られたという。もっとも最後には、使いものにするので、平櫛と米原の作品が欲しかったのだと言われたそうで、それならお安いご用、のしをつけてさしあげるということで、お贈りした次第であった。

「活人箭」の出来を、岡倉先生が認めてくださったことは、望外の幸せだった。私は、うれしさのあまり、有頂天になっていたのであろう。まさかこのすぐあとに、終生忘れることのできないような辛辣な批判を受けようなどとは、夢にも思わなかったのである。

当時、岡倉先生は、茨城県の五浦におられた。上京の折は、いつも橋本雅邦先生宅に寓しておられたが、雅邦先生はもう亡くなられていた。

日本彫刻会の展観が終わって間もないある日のことだった。岡倉先生から、晩に話しに来るようにとの電話があった。うかがうと、いまは亡き雅邦先生の広い仕事場の真ン中で、先生はビールを召し上がっておられた。そこには先生の奥さんやお嬢さん、橋本先生の未亡人なども同席しておられたが、御挨拶がすむと先生は、「これは私のたいせつな娘、高麗子です。これは私のたいせつな彫刻家の平櫛さんだよ」と言って、お嬢さんに紹介してくださった。

そのうちに「平櫛さん、あんたのものを一つ見ただけでえらく持ちあげるわけにはいかぬ。他の作品の写真でもいいから、何かありませんか」とおっしゃった。いままで、自分の作品を撮ったこともなく、撮る余裕もなかったのでその旨を告げると、雅邦先生の三番目の子息、永邦君が「僕のところにある」と言う。なるほど、以前、メシが食えなかった時分に貿易品の原型として、若衆姿のおさな児が兜を持ち上げている姿を作ったことがあった。その写真を永邦君が持っていたのである。私は思わず、「それは貿易の原型だから、つまりません」と口をすべらせてしまったが、すぐさま「貿易の原型が、なんでつまりませんか」とやられてしまった。考えてみれば、どんな仕事でも、自分では一生懸命苦心して打ち込んできたのであるから、何も卑下することはなかったのである。

　そうするうちに、下村観山と木村武山がやって来た。観山は第二回文部省美術展覧会の審査授賞決定の報告に見えたらしく、安田靫彦《ゆきひこ》君の「夢殿」、今村紫紅君の「近江八景」がどちらも二等賞に決まりましたとの報告であったように思う。

　安田靫彦といえば、のちに文化勲章も受け、法隆寺金堂の壁画再現模写にも尽力した男だが、当時は少しわがままをしていたのであろうか。岡倉先生は下村観山に「下村先生、安田君がいい気になっているというじゃありませんか。もう一度奈良にやりましょうか」とおっしゃったことを憶えている。岡倉先生は下村観山を、決して「下村君」とも「下村さん」とも呼ばれなかった。私など、ぞんざいそのものの人間であったが、先生の言葉つきというのは非常に丁寧なのである。以前に安田靫彦を一、二年修行にやられたそうだが、その先生をして口に出る「安田云々」が、どうしても私を戒めておられるとしか聞けなかった。

やがて下村観山は帰っていったからいい気持ちになられたのであろう、「これから彫刻の批評会をしましょう」と言われ、「活人箭」をとりあげられた。実のところ、あの作品には初め、弓矢を持たせていたのであるが、そこを指摘された。

「なんであれに弓矢を持たせたか。弓矢など持たせてみたところで、そんなものはすぐ失ってしまう。また、そんなものは要らない。ただこれだけでよろしい！」

そう言われるや肌ぬぎにならんばかりに、ご自身が弓を引き絞る勢いをおみせになり、

「私は去年フランスに行き、ロダンにも会いました。ロダンはそれをやっている。偉い爺さんですよ」

とおっしゃった。そして次に口をついて出た言葉が胸に突き刺さった。

「あれでは、どこからでも勝手に射なさいと言いたくなる。あんなことでは死んだ豚も射れない――」

目の眩むようなお言葉であった。初めて先生に認めていただいたと有頂天になっていた作品も、木っ端微塵に、みごとに砕け散ってしまったのである。いま思いかえせば、こうした徹底

した厳しい批判で、私の一生の心を訓戒してくださったことと、頭の下がる思いがする。

翌日、とにかく展覧会が終わったことでもあり、先生に作品を買い上げていただいたことも含めて、みんなそろってお礼にうかがった。また何か言われるのではないかと思っていたが、その日は何もおっしゃらず、ただ、次の展観をどうするのか、何か腹案があるのかとおたずねになった。

私は、かねてより構想をねっていた「法堂《はつとう》二笑《にしよう》」を出そうと考えている旨を述べた。これは「活人箭」と同じく、禾山老師の提唱のときに聴いたもので、中国の臨済と麻谷《まよく》という禅僧の二笑をとらえた作品である。

あるとき臨済が高座に上って説教をしていると、麻谷和尚が外から帰ってきた。麻谷は臨済のぐるりを一回りしたあと前に立ち、臨済の袖を引っ張って「降りろ、降りろ」と言う。臨済が高座から降りると、麻谷がそこへちょこんと坐る。すると臨済がまた麻谷の袖を引っ張って「降りろ、降りろ」とやる。そうして二人はニッコリ笑い、二人して院寮に下ってしまった——この臨済を禾山老師の姿にし、麻谷を、そのころ白山におられた南隠老師の姿で造りたいと思っていたのである。

禾山は堂々としており、顔の右半分が火傷で引きつった、見るからに恐い感じの方だったが、南隠老師は、チョコチョコと歩くような小柄な禅僧であった。私が、芳崖先生の菩提寺である谷中の長安寺に居候していたころ、南隠老師はよく来ておられた。老師は、禾山が「東京では南隠じゃ」と言われたほどできた人で、物事にこだわらない素朴な和尚であった。下駄なども、片方は雪駄、片方は日和をつっかけて平気でおられた。私はこの南隠を麻谷にと、心に描いていたのである。

　この「法堂二笑」の構想を岡倉先生に話したとき、「どこが芯になるかな。笑いかな」とおっしゃった。とにかく、ごく簡単な要領のいい暗示を与えてくださる方で、批評も荒くつまんだようにポツンと言われる。それが胸にドシンと来るのであつた。

　ところで、先生が入用とされた「活人箭」と米原雲海の「月」は、同窓の親友であられた当時の文相牧野伸顕伯に、「木彫界にもこんな作家がでました」と私どもを推挙してくださるおみやげにされたらしい。また滝沢天友の「虚と実」は、私の木彫頒布会の世話をしてくれる倉島という酒屋の主人に、「平櫛がお世話になって有難い、よろしくたのむ」という手紙をつけて贈ってくださったという。倉島氏は下村観山のパトロンで、そのころ隠宅で木村武山とともに盛んに揮毫《きごう》していたが、私の頒布会も下村、木村両氏の紹介だった。

　ところが、せっかく岡倉先生のお名前を拝借してまでおこなった頒布会は、不成功も不成功、惨憺たるものに終わった。初めの話では、上野、浅草方面の料亭や旅館に酒を入れている倉島氏の手で、二十や三十はまとまるということだったが、実際にフタを開けてみると、上野の「梅川」という料亭が一つ注文してくれただけであった。そのほか、橋本静水の本家が一つ、それに郷里から出ている井上角五郎代議士に頼みに行き、二つ注文していただいた。ただそれだけしか注文はなかった。

岡倉先生が、せっかく「活人箭」を買って下さるというのを辞退したために、大変な苦労をすることになった。その年はとうとう、子供に乳を買ってやることも出来ないような始末になってしまったのである。

明治四十二年、日本彫刻会も結成二年目を迎えた。ところがこの年はどうしても展覧会の会場をとることが出来ず、やむなく翌年の四十三年に第二回展が開かれたのである。

「法堂二笑」を出品した私には、一つの思惑があった。それは岡倉先生が、第一回の作品「活人箭」をあれほど厳しく批評してくださったのであるから、今度は会場でビールでも差し上げていい気持ちになっていただき、その上で批評していただければ、会員のみんなにも聞いてもらえると思ったのである。そこで、銀次郎を介して奥さんにお願いし「四時までは人を入れますから、四時ごろ先生に来ていただいて、会場でビールを差し上げます」と申し上げた。すると「ビールは二本、それ以上いけません。お肴は〝伊豆栄〟の鰻、それ以外のものは何にもいりません。それだけ用意して下さい」とのことだったので、お言葉どおりにして待っていた。

会場へ来られた先生は、まず一回りずっと観て回られたあと、私の作品の前にお立ちになった。私は脇にさがっていたのだが、「平櫛さん」とお呼びになるので近づくと、「よくできましたよ」とおっしゃった。その言葉を聞いたとき、思わず涙がポロンと出た。不覚にも嬉しさのあまり涙を流してしまったのである。

考えてみれば、それは無理もなかった。第一回展が終わってから第二回目までまる二年あったが、主な収入もなく貧乏ぐらしに明け暮れていた。悪いことにその間に、家主であり地主である村川の御主人が亡くなった。そのあと未亡人が差配を置いたのだが、その人が運悪く因業で、情容赦なく家賃の催促に来たのであった。

家賃をためたほうも悪いが、先の主人は、人が良すぎた。いつのことだったか、「四坪ばかりの仕事場を建てたいが、地所を借して下さい」と言うと二つ返事で貸してくれ、そのままずっと使わせていただいた。女房をもらうときも「今度はあの借屋をひとつ借して下さい」とお願いすると、証文もなしで家をあけてくれた。長く居たから信じてくれていたのであろうが、せっせと催促してくれれば、そんなにもたまらなかったかも知れない。こちらも貧乏にかまけてついつい一年余りもためてしまったのであった。

ところが、ひとたび人が変わると、とたんに矢のような催促が来た。六十円ほどあった借金をすぐ払えという。

「いまは無収入です。それに展覧会に出すものを作っているので、それが終わるまで持って下さい」とたのんでも、待てないと突っ張る。そのうち因業な差配は来なくなった。私は不思議に思ったが、家賃が払えるわけでもなく、そのままにしておいたのである。

やがて、第二回展が開かれると、三越が作品を買ってくれた。定価の一割は引いたが、一人一点ずつ、六人のものをそれぞれ買い上げてくれ、三越で一か月間展覧することとなった。それが決まったあとだった。ドイツ大使館からプリンス・ロイスという二等書記官が会場にやって来て、私の出品した「法堂二笑」を観るや「これが欲しい」と言う。その場に外国語の出来る人がいたので、「売約済みでダメだ」と通訳してもらうと、「それではお前の家に行く」といってきかない。とうとうその場は折り合いがつかず、「好きにして下さい」と言うことで別れた。

翌日、驚いたことに、ロイスさんはやって来た。三畳と八畳の借家にである。おまけにドクトル・ハウンホルツなる人を連れている。

当時、私は住まいの隣に四坪ほどの仕事場を建てていたが、そこには展覧会場の設営のために使った材料などを放り込んであったので、それを片付けに行こうとした。すると大きい男が二人とも、のこのこついて来る。見ると畳に靴跡が点々とついている。やっとの思いで二つの原型を見せたのだが、悲しいことに言葉が通じない。向かいの酒屋のあるじが、英語なら少しは出来ると聞いていたので通訳を頼んだところ、相手がドイツ語だから全然意味がわからず、手子摺《てこず》ったことであった。

結局、「明日、大使館に来てくれ、三沢という通訳がいるから」ということでうかがうと、思ってもいないような高額で二つの注文をいただくことができた。一度に大金を手にした私は、大威張りで家賃を払ってやった。そのときにわかったことだが、やはり差配は因業な人だった。強硬な催促にたまりかねた女房から、仕事場を借金の担保に入れるという念書を、私に内緒でとりつけていたのである。

「法堂二笑」は、そんな苦しい事情の中で制作した作品だったから、「よくできましたよ」と言われたときは、思わず知らず涙が出た。岡倉先生は、翌日アメリカへ発たれることもあったのか、それを観るなり、帰ってしまわれた。せっかく用意したビールや肴は無駄になってしまったが、先生のお言葉を聞いて、いままでの苦しさが、すべて流れ落ちてしまう思いがしたことであった。

明治百年展では、久し振りに「維摩一黙」を見た。これは「維摩《ゆいま》詰《きつ》によって説かれた大乗経典」といわれている『維摩経』第八章の末尾に述べられている話から材を得た作品で、般若思想の究極である「空」の立場を、この経典に登場する維摩が、言葉ではなく沈黙によって示したという姿を写したものである。これは、たしか明治四十四年の文展に出品したと思うが、そのとき岡倉先生はご覧になられたのであろう、この作品についても批評していただいたことがある。

その少し前だった。あるとき銀次郎が、「先生が来ておられます。ちょっとおたずねしたら」といってきた。さっそく、橋本家の借家におられる先生をおたずねし、お手伝いさんが取り次ぐと、先生は二階から降りてこられた。そのお姿を見たとき、これは変だなと感じた。案の定、「何かご用ですか」と言われる。「用事じゃありませんが、先生がいらしていると聞いたもので、ちょっとご挨拶にあがりました」と申し上げると「それは無駄なことです。そんなことはいらぬことですよ。用事があったら葉書を一枚お寄こしなさい」とおっしゃった。岡倉先生は、そういう面もお持ちになっていたから、扱いにくいかたでもあったが、このときはもうすでに健康を害されていたのである。

その翌日だったか翌々日であったか、ちょうど橋本静水のところに用事があったので、出かけていった。橋本家の本家の隣には借家があり、真ン中の家には先生がおられ、左どなりに橋本静水が住んでいた。私は静水に「先生がいらっしゃるそうですね。よろしく申し上げて下さい」と伝えてしばらく話し込んでいたのだが、そのうちに「平櫛さんが来ているそうだね」と言って先生がやってこられた。上がっていただくようすすめると、「ここでは静水君の邪魔になります。用が済みましたら私のほうにいらっしゃい」と言い残してお帰りになった。

用件を済ませたあとうかがうと、二階に通された。そこには、ちゃんとビールが用意されてあり、先生は寝ておられた。「私は寝ております。失礼します」とおっしゃったので、「先生、お具合が悪いそうでございますね」とご機嫌をうかがうと、禅問答のような言葉を述べられた。「いったい、人間は病気というものはあるもんでしょうか」――私は何とも言えず、ただ「はい」としか答えようがなかった。そのときすでに先生は、萎縮腎という病いにおかされ、余命二、三年しかないという医者の診断がくだされたことを、私は銀次郎から聞いていたのであった。

岡倉先生から一生の訓戒を受けたことといえば、明治四十二、三年の春ごろにも一度あった。

ある日、米原雲海が来て「文展の塑像科のほうには若いものが審査員として出ているが、木彫のほうは誰も若いものが出ていない。これでは木彫が抑えつけられるばかりだ。どうしても木彫のほうから若い審査員が出なければいかん。君、いちど先生のところへ行って話してくれ」と言う。私にはその役が適当ではないし、そういうことなら米原本人のほうが適任だと思ったので「あなたのほうがいい。あなたが行くべきですよ」と告げた。しかし、話を聞いてみると、米原はすでに先生のところへ行き、この件をお願いしていたのである。ところが「米原さん、彫刻家で政治家はおよしなさい」とおっしゃって、まったく取り付く島がないという。そういうことなら、誰が行っても同じであろう、そう思って断ったがとうとう押し切られ、不結果に終わることを覚悟で行くことを決心したのであった。

私の性格からして、変にからめて話を持ちかけることはできなかった。そこで最初から、「今日はお願いがあってまいりました」と切り出し「米原と山崎を文展の審査員に推挙してやってください」とお願いしたのである。ところが先生は、「それはあなたがたが反対しているんじゃないか、文部省じゃそういっている」と言われた。

そういえば明治四十年の東京博覧会のとき一つの事件があった。彫刻部の審査員の不公平を唱え、審査員を除くほとんど全部の彫刻家が結束して、出品の取り下げ運動をやったのである。

この事件の原因は、結果的にいって私にあったといってよい。

あるとき、審査員をしていた米原雲海が、審査の不平を私にもらした。そのことを他のものに言わなければよかったのだが、つい私は滝沢天友に話した。話を聞いた滝沢は、それをまた他の人間に伝え、とうとうそれが広がって、北村四海などは、陳列されていた自分の出品作、等身の大理石女人像を金槌でたたきこわすという大変な騒ぎになったのである。それ以来私は、米原雲海や山崎朝雲あるいは文部省にまで鼻つまみものになったが、先生はそれをおっしゃるのであった。

そこで「必ずしも米原、山崎を相手どって私どもが不平を鳴らしたわけじゃないのですが、形の上ではそういうことになっています」と言うと、先生は二人はどういう性格かと尋ねられた。

「米原さんは陽性、山崎君は陰性です。だから、することが表向きにパッとやってくるのと、陰でするのとの違いです」

「今その二人を出すことが、木彫界のために良いか悪いか、どうだね」

「たとえ悪い結果になりましても、ともかく先輩です。二人の始末がつきませんと、私どもの始末もつきません。どんな結果になっても仕方ありません。この際二人を推挙して下さい——」

私は、こう言い切ったのであった。先生は、可とも不可ともおっしゃらずに、次のことを述べられた。

「ものがわからなくても困るが、君のようにわかりすぎても困る。わかっておっても黙って外にあらわさなければいいが、そうはいかんだろう」

胸にドシンときた。ドシンときた言葉をあつかいかねた私は、「慎みます」と言ったのだが、それから少しして、静かにこうおっしゃった。

「慎みますか……、若い者は慎めませんよ。私は一生それで苦しんでいる」

天心先生は、ご自分を引き当ててまで、私を戒めてくださったのであった。

大正二年七月、私は原型を三つ携えて、それを見ていただきに先生を訪ねた。あとから思えばもうこのときには、先生の死は目前に迫っていたのであるが、まさか二か月後に逝去されるとは思いもよらなかった。

原型の一つは「灰袋子《かいたいし》」といった。

あるとき若い仙人が病気して寝込んだ。どうも今度ばかりはだめかも知れないというので、友人たちが集まり御祈禱のようなことをしていた。そうするとノコノコ起き上がってこう言った。

「君たちは、おれが病気していると思っているのか」

「むろんそうだ」

「いったい病気というものは、クソ袋があるから病気をするのだ。人間、クソ袋がなければ病気なんかない。まあ、おれの腹の中を見せてやる」

そう言うや、大きな口をグワッとあけると、ずっと中まで見えすいた——。

これは伝説だが、この姿を、顔一面大きく口を開けて指さしている老婆としたのである。

次の一つは「尋牛《じんぎゅう》」だった。

これも禅宗の法話にあるのだが、自分の心を失ったものが、取り戻そうと思って骨を折る。修行をするが、いつまでたっても五里霧中でわけがわからぬ。そのうちに牛の足型をつたっていく。しっぽが見え、尻が見え、胴体が見えるというようにだんだん見えて、結局取っつかまえた。ところがなれていないから、暴れて暴れて仕様がない。やっとのことで飼いならし、とうとう思いどおりになる。少しもさからわない。しばらくすると、牛綱を使わないでも、すっと帰ってくる。そして最後には、人間もいらなくなったという話である。この作品は、何十年仕事をやっているが、真髄のところをつかめない、いつまでたっても右往左往しているという意味で、自分の肖像のつもりで作ったのである。

最後の一つは「倶胝《ぐてい》の竪指《じゅし》」という。すべて禾山の提唱からとったものだが、中国に倶胝という禅僧がいた。この和尚は問答のとき、仏法のギリギリを聞かれると、いつも指を一本立てる。それで多くの人を教化したのだが、修行中の小僧がこれを真似するらしい。誰にも彼にも指を立てて見せるという。そこで和尚が試してみると、なるほど小僧はそのとおりやった。倶胝和尚は怒って小僧をとっつかまえ、立てた指をぶち切った。小僧は泣きながら逃げた。逃げる小僧に和尚は声をかけ、ふりむいたところで指を立ててみせた。小僧は、いつもの癖で指を立てようとしたが指がない。そこでハッとして大悟した――「倶胝の竪指」とはそういう話である。

この三点が、先生に見ていただいた最後の作品となった。それから間もなく赤倉の別邸へ静養におもむかれたが、そこで波瀾の生涯を閉じられたのであった。

最後に見ていただいた「灰袋子」と「尋牛」は、幸いどちらも先生のお気に叶ったようだった。ことに「尋牛」については、この原型を私にくださいともおっしゃった。何にお使いになるのかとたずねると、フランスの若い連中に見せたいのだと言われ、「フランスの作家なら、このおもむきがわかるだろう。水墨画についてどんなに説明してもわかってくれないアメリカはだめだが、フランスならわかってくれると思う」と話された。石膏はすぐこわれるので、木彫にしてさしあげる旨を申し上げると、「木彫はあんたがおまんまにせねばならん」とおっしゃって、気遣ってくださった。私は、先生のお気に叶った「尋牛」をどうしても刻みたかった。結局、木彫にさせていただくお約束をとりつけることができたのだが、先生は話の終わるまで「尋牛」をしみじみながめておられた。

二か月後、「尋牛」がやっと完成をみたとき、知らせが入った。訃報であった。「尋牛」はお約束どおり木彫になったが、先生はそれをまたずして永い眠りについてしまわれた。告別のとき、奥さんから「尋牛」をお見せするようにとのお言葉をいただいた私は、お約束の品をかかえておそばに行った。安らかなお顔だった。瞼は静かに閉じられていたが、きっと木彫になった「尋牛」を見てくださったことと思う。いや、どうしても見ていただかなければならなかった。私のようなものにまで、いろいろと厚いご指導をくださったが、さぞおつかれのことだったであろう。お約束の品をゆっくりながめていただいたあと、私は先生においとまごいをしたのであった。

谷中鶯《やなかうぐいす》、初音《はつね》の血に染む紅梅花、堂々男子は死んでもよい

奇骨《きこつ》侠骨《きょうこつ》、開落栄枯は何のその、堂々男子は死んでもよい

これは岡倉天心先生が日本美術院を開設されたころにご自身でつくられた歌であるが、同門の志士たちと高吟しながら、谷中初音町あたりを闊歩せられたのであろうか。美術の向上のために心血をそそがれ、美術界にはかり知れぬほどの遺産を残された先生の、若き日の情熱がうかがえるような思いがする。

先生は明治とともに生き、明治とともに去られた。巨星は落ちたが、この星屑は、いまだに娑婆を漂っているのである。

難中之難

七十、八十は鼻たれ小僧、
男ざかりは百から百から。
わしらの人生、これからこれから。

百歳を少し過ぎたころ、弟子の浜田君や孫たちは、よく人から「田中《でんちゅう》さんは何歳までお仕事をされるおつもりなんでしょう」と尋ねられて困ったという。原因《もと》は、家の空地に置いてある、今までに買い込んだ材木の量を見てのことだったらしい。それが、百歳を過ぎてから買った分も合わせて、向こう三十年ぐらいは使える量だからと人はいうのである。

ご存知のように、木彫の仕事では、挽いたはかりの丸太が使えるわけではない。伐採してからのち、ある期間は置いておかねばならない。したがって、こういう仕事が入ったから、こういう作品を作りたいのでといって、それから求めたのでは間に合わない。それに、私としては、あと何年すればこの世とおさらばするということもべつに決めていないから、佳い材があれば当然、入手する。それが溜まってみなさんに、何歳まで仕事をするつもりなのかと、疑問を抱かせることとなったのであろう。

普通一般に、材が使えるようになるまで寝かしておくことを「乾燥」と呼んでいるが、この言葉は、私にいわせれば当たっていないのではないかと思う。

木は山から伐り出されたからといって、死ぬわけではない。大地にふんばって青葉を茂らせていたものが、根や枝を切りとられ、材木屋の倉庫に積まれても、呼吸し、生き続けている。それが証拠に、檜は伐られてから何百年かは、だんだん強さを増していくという。木彫に用いる材も、だんだんひからびて乾燥していった結果ではなく、呼吸し世に顕われる時機を待っているのである。

禾山老師から聴いた話であるが、禅に「啐啄同機《そったくどうき》」という言葉がある。

親鳥が温めているタマゴの中で、ヒナがだんだん成長していく。もう外へ出ても良いという時機がやってくると、中にいるヒナがカラをくちばしでコツンと打つ。これを「啐《そつ》」という。同じように、タマゴをずっと温めていた親鳥も、中のヒナがどんどん育っていくのを知っている。中のヒナがくちばしでコツンと打つや、すかさず親鳥もカラをつついてやる。これを「啄《たく》」という。このように、タマゴからヒナが誕生するときの、親鳥とヒナの応答の呼吸を「啐啄同機」というらしい。

禅ではこれになぞらえて、弟子が悟りを得るときの、師匠との機微がそれだという。弟子は修行を重ねて、次第に禅境を深めていく。それを師匠が見守っている。やがて見性を得るという時機になると、弟子が「啐」を出す。それに答えて、すぐさま「啄」を出してやる。そこで弟子は悟りを得る――。

この「啐啄同機」の呼吸は、寝かされている材と彫り方との関係をとらえて考えると、実に意味深いものがある。

十年寝かせて割れなくなるものもあれば、二十年寝かせて、まだ機の熟さない材もある。それは木の種類によってもことなるし、同じ種類でも産地によって変わってくる。生まれや育ちによって、性質《たち》がみな違う。それを彫り方は一つ一つ見極め、機の熟するのを待つのである。

例の三十年分もあるという、庭の空地に寝かされている材は、大自然と気息一体に呼吸しながら機の熟すのを待っている。

元気のよいときは、それを視《み》に行く。出られないときは、木の径を計ってきてもらう。もうこれだけ長い間、木彫をやっていると、材の姿は視なくとも、径の数字を見ただけでどんなようすなのか、すぐわかる。

それに寝かしてあるそれぞれの材には、まだ幾つも作りたいと思っている作品を、一本一本に心で刻んである。あるとき誰かにそう言うと、そういうことでは死のうにも死ねませんね、とひやかされたことである。

「つくりたい作品」といえば、たしか百一歳のときに、「伊勢の赤福もち」で有名な浜田満寿さんの坐っている肖像を作った。

もっとも、制作にかかったのはそれより五、六年前にさかのぼるが、伊勢参りをした際、お会いした。当時八十歳を少し出たくらいのお年だったと思うが、その年にして何ともいえぬお色気があり、ちょこんとお坐りになった姿が、なんともいえぬくらい可愛らしい人であった。

あいにく仕事になかなか取りかかれないもので、しびれを切らせてお迎えが来たのを憶えている。あのときは、伊勢の五十鈴川にある浜田さんの別荘にカンヅメにされたが、そこで顔の部分だけ粘土で原型を作り、あとは上野の仕事場で仕上げたものだった。

そういえば横山大観には不義理をしている。もう亡くなられたから、えらそうに呼び捨てでご免蒙っているが、私が貧乏している時分、いろいろとお世話いただいた。私が、五十歳のおり、「転生《てんしょう》」という作品を構想しているとき、材料はあるか、と気づかってくれた。材料はあるが、仕事場がないと言うと、横山大観は、下村観山や木村武山と一緒に自分たちの絵を売って金をつくってくれた。おまけに、自分のところに出入りしている棟梁をよこし、私が以前住んでいた上野桜木町のアトリエを建ててくれた。

生前、肖像をお作りする約束をしていたが、そのままになってしまっている。何度も何度も催促があり、モデルに行くからとも言ってくれたが、そんなもの来なくったっていいとおことわりして、とうとうそのまま他界された。

今、材はすでに用意してあるが、時候のよくなるのを待って、どうしてもお作りせねばと思うことである。

いろいろ構想している中で、やはりいちばん作りたいのが、地唄舞《じうたま》いの竹原はんさん。おはんさんの舞台は、かかさず観させていただいていた。舞台では、一種近づきがたいあでやかさがある。

しかし、実際おつきあいをすると、実にざっくばらんなおかたで、年の暮れには必ず、私のためにおせち料理を持って来てくださる。

おはんさんの舞いの芸術それ自体を、完全に写しとることはできないであろうが、せめて一断《ひとたち》の美しさだけでも、なんとか作品として残したい。がんばらねばと思っている。

いろいろな人にご恩を受けたが、彫刻しか能のない男のご恩返しは、彫刻でしか報いることができないと思う次第である。

大西良慶
(おおにし・りょうけい)

1875年(明治8年)12月21日、奈良県多武峰《とうのみね》(現・桜井市)に生まれる。1889年、九条家の要請をうけ興福寺に入り、1890年、受戒・得度。1893年、法隆寺勧学院第一期生となり、唯識を学ぶ。1897年、勧学院全科を修了。1900年、興福寺住職に任命される。1904年、北京に渡り東文学舎に入学、中国語を学び、翌年従軍僧として満州に入る。1914年、清水寺の貫主となり、翌年8月、仏の教えを説く「うらぼん法話」を開始。現在まで続き、京都の各寺で開かれる暁天《ぎょうてん》講座の先がけとなる。「社会のための仏教」を掲げ、生涯を通して人々への布教、高齢者・児童福祉、平和活動に精力的に取り組む。1962年、日本宗教者平和協議会理事長に就任。1975年、仏教伝道功労賞を受賞、1976年には朝日社会福祉賞を受ける。著書に『ゆっくりしいや』(PHP研究所)ほか多数ある。

1983年(昭和58年)2月15日、逝去。

平櫛田中
(ひらくし・でんちゅう)

1872年(明治5年)2月23日、岡山県後月《しつき》郡西江原《にしえばら》村(現・井原市)に生まれる。本名倬太郎《たくたろう》。1893年、大阪の人形師・中谷省古に弟子入りして木彫の手ほどきを受け、のち上京して高村光雲に師事する。1899年から日本美術協会展などでたびたび入賞、1907年には第1回文展に入選する。同年、米原雲海らと日本彫刻会を結成、翌年の第1回展に出品した「活人箭」が岡倉天心に認められ、以後天心の伝統木彫復興の精神を継ぎ、その実現に努める。代表作に、徹底的な日本古典彫刻研究のもと写実を融合させた「転生」(1920年)、寄木極彩色の古法にならう「浅野長勲公寿像」(1934年)、試作から20年を費やして完成させた6代目尾上菊五郎像「鏡獅子」(1958年)などがある。1962年、文化勲章を受章。1971年、白寿を記念して「平櫛田中賞」が設けられる。

1979年(昭和54年)12月30日、逝去。

人間ざかりは百五歳

2023年12月15日　初版第1刷発行

著　　者　大西良慶・平櫛田中
企画・協力　清水克衛
発 行 者　中沢純一
発 行 所　株式会社佼成出版社
〒166-8535　東京都杉並区和田2-7-1
電話 (03) 5385-2317 (編集)
(03) 5385-2323 (販売)
URL https://kosei-shuppan.co.jp/

印 刷 所　株式会社光邦
製 本 所　株式会社若林製本工場
◎落丁本・乱丁本はお取り替えいたします。

ISBN978-4-333-02912-9　C0015　NDC184/216P/20cm

ドクスメ
レーベル

ドクスメレーベル発刊に寄せて

「本は心の栄養」と言われます。現代人は体の栄養には気を使う方が多いようですが、心の栄養には無頓着な方が多い。しかし、本なら何でも読めばいいというわけではありません。心の栄養といっても添加物ばかりの入った食べ物であればかえって不健康になってしまうことと同じです。ではそれをどうやって見分けるのか。その一つの指針として、その本の内容が三世代に渡って有効だろうか?という問いです。真理とは時代がどんなに変わっても変わらない絶対性があるものを言います。そして、私たちの拠りどころとなる科学こそ真理だと考える人も、少なくありません。実際、現代は科学が大発展した社会であり、これからももっと進化していくのでしょう。しかし私たちは気づいてしまいました。科学の発展が必ずしも人類に有効なものばかりでなく、その反面である取り返しのつかない破壊性もあるということを。現代社会は情報に溢れています。そこにコンプライアンスだとかハラスメントだとか、そしてＳＮＳという道具による自我の肥大化。これらの環境によって頭の中がいつも雑念でいっぱいなのではないでしょうか。これでは私たち日本人が長く培ってきた精神性や真理などの継承は繋がっていかないのではないか、という危機感をもってしまいます。そこで考えついたのがこのドクスメレーベルです。三世代に渡って繋がるに耐える本。これを時代を超えて多くの方に真の心の栄養としてお知らせしたいとはじめました。情報が多い社会ですから、何でもすぐに知ったような気になってしまいがちですが、まだまだこの世は「?(なぜ)」と「!(びっくり)」に溢れています。今まで信じてきた「常識」や「普通」を打ち破って、皆様の人生が、いつも「?」や「!」に満ちた新鮮で気持ちのいい道の歩みの一助けになれたら幸いです。一冊の本との出会いで運命的に人生は変わる。私もその体験がありますし、当店に来られた人たちの間に起きた奇跡も多く見てまいりました。ですから、このドクスメレーベルを是非とも応援していただきたいと思います。

2023年12月

「読書のすすめ」店長　清水克衛

ドクスメレーベル
既刊本のご紹介

関 大徹｜**食えなんだら食うな**

定価1,980円（本体1,800円＋税）
ごま書房新社　四六判／262頁

下村 湖人｜**青年の思索のために**

定価1,650円（本体1,500円＋税）
ごま書房新社　四六判／210頁

形山 睡峰｜**非ずのこころ**

定価1,980円（本体1,800円＋税）
エイチエス　四六判／208頁